『国学今用』系列

姜正成 编著

孙子与我聊竞争

郑州大学出版社

图书在版编目（CIP）数据

孙子与我聊竞争/姜正成 编著.—郑州: 郑州大学出版社，
2016.8（2021.7重印）

（国学今用）

ISBN 978-7-5645-3084-6

Ⅰ.①孙⋯ Ⅱ.①姜⋯ Ⅲ.①孙武 – 哲学思想 – 通俗
读物 Ⅳ.① E892.25-49

中国版本图书馆 CIP 数据核字（2016）第 125563 号

郑州大学出版社出版发行

郑州市大学路 40 号 邮政编码：450052

出版人：张功员 发行部电话：0371-66658405

全国新华书店经销

北京洲际印刷有限责任公司印制

开本：710 mm×1 000 mm 1/16

印张：16

字数：233 千字

版次：2016 年 8 月第 1 版 印次：2021年7月第2次印刷

书号：ISBN 978-7-5645-3084-6 定价：49.80元

前　言

　　中华文化源远流长，有着悠久的历史。上下五千年来，涌现出了无数个仁人志士，这些人物不仅名垂于中国青史，在世界民族之林中，也是光辉夺目的。历经几千年风雨变幻，沧海可变成桑田。然而，他们的名字，他们的光辉思想，依然值得后人品读。孙子就是其中一位。

　　孙子（公元前 544—前 470），名为孙武，字长卿，是我国春秋末期著名的军事家，后人尊称为兵圣、百世兵家之师、东方兵学鼻祖。孙子不仅在我国享有崇高的盛誉，而且也是世界军事上非常著名的思想家之一。

　　由孙子所著的《孙子兵法》，可谓是中华民族五千年璀璨文化中的瑰宝，同时，它也是我国现存最古老的军事理论专著。像《孙子兵法》这样的经典传世之作，的确能为后人提供丰富的思想养料，帮助我们领悟和掌握商战的本领、技巧和艺术。孙武虽然去世两千多年了，然而，他博大精深的古典军事理论体系，对后世仍然具有借鉴与指导意义。

　　为什么说我们研究古代的光辉思想，对今天面临新挑战的炎黄子孙仍然是受益无穷呢？进入近现代以后，《孙子兵法》不仅受到了军事家们的重视与推崇，更是现代商人们必读的"商场圣经"。据说，拿破仑看到这本书后，说："假如我在二十年前看到此书，历史将会是另一个结局。"第二次世界大战结束后的日本商界，《孙子兵法》几乎是人手一册，松下幸之助还把《孙子兵法》列为松下公司全部管理人员的必读之书。由此可见，《孙子兵法》在世界上的影响之大。但是，《孙子兵法》只是一本兵书，可现代的商人们为什么如此推崇它呢？我们通常把市场竞争称之为"商战"，这正如兵书中的"兵战"。常言道：商场如战场。两者虽然性质不同：商场是在市场上，兵战是在战场上，但是，战场上的竞争艺术与商场上的竞争策略的确是具有千丝万缕联系的，用兵之道与经营之道都是为了克敌制胜，求胜的要求与途径也有很多类似之处。尤其是在经济日益全球化的今天，在日趋激烈的市场竞争中，的确具有很大的现实意义。

下面，让我们打开历史的隧道，穿越时间与空间的限制，与我们伟大的军事家孙子聊一聊当今商战中的竞争问题。

本书总共与孙子聊了八个话题：竞争前的准备、竞争的时机与机遇、竞争要以智取胜、竞争中的信息战、竞争要有团队精神、竞争的策略与手段、竞争要灵活机动、竞争的细节问题。本书以与老祖先聊天的形式，并通过生动有趣的实例和深入浅出的分析，启迪你的智慧，照亮你的人生之路，开启成功之门。

《孙子与我聊竞争》，通过对《孙子兵法》的解读，全面参悟及感受其中所蕴含的军事哲理，并且还透过用兵之法，以独特、全新的视角从商场的竞争进行品读分析，书中所提出的许多论点、规律、哲理，对面临新的挑战与机遇的我国企业与企业家来说，相信会有很多新的借鉴与指导意义。

目　录

第一章　孙子与我聊竞争前的准备

战争是智和勇的搏击，一个小疏忽、小失误就有可能造成兵败身亡，甚至国破家亡。在商战中也是如此，一定要做好竞争前的准备，使敌人无懈可击、无机可乘。正如古人云："无事如有事，时提防，可以弥意外之变；有事如无事，时镇定，可以消局中之危。"所以，在竞争中，无论在什么时候、什么地方，都要做好充足的准备，切忌临渴掘井。

第二章　孙子与我聊竞争的时机与机遇

在战场上，能够抓住战机是非常重要的，它决定着一个军队的生死存亡。对商战来说，也是同样的道理。在与竞争对手的角逐中，如果能够抓住先机，往往就能够独占市场，取得巨大的经济效应。也就是说，一旦看准了行情，就要雷厉风行地采取行动。但是，商场上以"快"为先固然重要，也要根据实际情况而定。当时机不成熟时，可以暂时拖延时间，等待机会，一旦机会来了，一定要牢牢地抓住它。

第三章 孙子与我聊竞争要以智取胜

孙子曰：上兵伐谋。是的，用兵的上策正是以智谋克敌制胜。其实，这一点用在商战中也是如此。因为现代企业之间的竞争，从表面上看是经济实力的竞争，也就是说看资金雄厚、设备先进等等。但如果从深层次来说，这种竞争实际上是经营谋略的竞争，是经营智慧的较量。只有企业管理者的谋略比竞争对手高明，智慧也比对方高超，才能取得最终的胜利。

第四章 孙子与我聊竞争中的信息战

21世纪，是知识经济占主导地位的世纪，同时，也是个"信息"爆炸的时代，那么，企业生产、商战制胜的秘诀也在于"打一场漂亮的信息战"。如果企业能够及时地掌握信息、分析信息，并有效地进行操作，必将为利润的最终取得提供保证。若企业不能及时把握信息、有效操作必将会贻误战机，被竞争对手所击败。

第五章　孙子与我聊竞争要有团队精神

21世纪，没有完美的个人，只有完美的团队。张瑞敏也曾说过："企业最大的财富不在有多少资产，而是人才。"是的，在知识经济时代，人才的竞争日趋激烈，企业经营管理的一项重要任务就是通过激励机制，吸引、留住人才，激发员工工作的热情和创造力。 当然，企业管理者如果能把企业的人才凝成一股绳，培养起一支钢铁长城般的团队，那么，企业将无坚不摧，将会在竞争中永远立于不败之地。

第六章　孙子与我聊竞争的策略与手段

《孙子兵法》强调策划在整个作战过程中的关键作用。在商战除了拼产品质量、价格，还得拼策划。从商品营销的角度来讲，策划就是造势，有好的策划方案本身就意味着在具体操作上具有优势。企业造势的舞台在市场，通过各种营销宣传方式在市场上宣传自己，以引起人们的注意，激发人们的潜在需求以达到促销的目的。为此，要想在竞争中求得生存，必须学会运用策略与手段来为自己造势，只有这样，企业才能做强做大。

第七章 孙子与我聊竞争要灵活机动

《孙子兵法》中讲究军事作战不拘泥于常规，要根据主客观的条件而随机应变。只会纸上谈兵、循规蹈矩是不可能打胜仗的，只能处于被动地位。也就是说，如果能根据战况变化，灵活机动变幻战术，就能够打胜仗。在竞争激烈的商场上也是如此，能够根据具体情况做到随机应变，企业才能长盛不衰。

第八章 孙子与我聊竞争的细节问题

常言道：细节决定成败。是的，透过一些微不足道的现象，通过逻辑推理，察微知著，看到事物的本质，这是做事取胜的保证。在商场上也是如此，在激烈的竞争中，必须练就敏锐的洞察力，善于观察、判断竞争对手，善于注意与处理己方的细节问题，就一定能够在竞争中独占鳌头。

第一章

孙子与我聊竞争前的准备

　　战争是智和勇的搏击，一个小疏忽、小失误就有可能造成兵败身亡，甚至国破家亡。在商战中也是如此，一定要做好竞争前的准备，使敌人无懈可击、无机可乘。正如古人云："无事如有事，时提防，可以弥意外之变；有事如无事，时镇定，可以消局中之危。"所以，在竞争中，无论在什么时候、什么地方，都要做好充足的准备，切忌临渴掘井。

居安思危，防患于未然

我：孙老先生，您对竞争前的准备有何高见？

孙子：我曾说过：杂于利而务可信也，杂于害而患可解也。

我：您这句话该如何解释呢？

孙子：这句话的意思就是：在不利的情况下要看到有利的条件，事情便可顺利进行；在顺利情况下要看到不利的因素，祸患就能预先排除。

我：您的意思是说，您主张在战场上，一定要兼顾有利的条件和不利的条件，事情就可以顺利进行，祸患就可以消除了。那么，在商场上也是同样的道理，无论己方是处于有利的条件下还是不利的条件下，都应当利弊都考虑。也就是说，居安思危，防患于未然。

孙子：是的，居安思危，防患于未然。

【解读】 ❧ **本田公司居安思危** ❧

在竞争激烈和危机频繁的日本社会，本田公司总能迎来发展的新机遇，靠的是它的危机管理——居安思危。对于世界汽车行业来说，每80辆轿车中就有一辆是本田牌。在世界最大的汽车市场美国，1992年轿车销售总量为630万辆，其中本田公司所生产的轿车占了四分之一。然而，使本田公司首先取得引人注目的成功从而名扬天下的，还是本田摩托车。

20世纪70年代初，正当本田牌摩托车在美国市场上畅销时，总经理本田宗一郎却突然提出了"东南亚经营战略"，倡议开发东南亚市场。此时摩托车激烈角逐的战场是欧美市场，东南亚则因经济刚刚起步，生活水平较低，摩托车还是人们的高档消费品。

公司总部的大部分人对本田的倡议迷惑不解。本田提出这一战略是经过了深思熟虑的。他拿出一份详细的调查报告向人们解释："美国经济即将进入新一轮衰退，摩托车市场的低潮也开始来临，假如只盯住美国市场，一有风吹草动我们就会损失惨重。而东南亚经济已经开始起飞，按一般计算，人均年产值2000美元时摩托车市场就能形成。只有未雨绸缪，才能处乱不惊。"

一年半以后，美国经济果然急转直下，许多企业的大量产品滞销，然而天赐良机，与此同时，东南亚市场上摩托车却开始走俏，本田立即根据当地的条件对库存产品进行改装后销往东南亚。由于已提前一年实行旨在创品牌、提高知名度的经营战略，所以产品投入市场后创出了销售额的最高纪录。总结这一经验，本田公司形成了居安思危、防患于未然的经营策略。每当一种产品或一个市场达到高潮，他们就开始着手研究开发新一代产品和开拓新市场，从而使本田公司在危机来临时总有新的出路。

可见，居安思危，防患于未然，在商战中是非常适用的。商家想要在某一行业中获得绝对优势，就必须面对瞬息万变的商情与众多的对手，掌握行业的发展态势，占得先机，从而立于不败之地，本田的危机管理就能很好地说明居安思危的道理。

要学会居安思危

优胜劣汰的市场经济规律使企业在竞争中充满风险，正如战争中没有每战必胜的常胜将军一样，商战也不会有永不受挫的企业和企业家。风险主要来自两个方面：一方面是大环境的变化，尤其是某些突如其来的变化，为企业非始料所及而陷入被动；另一方面是企业自身的"体弱多病"，经不起风吹浪打，甚至一有

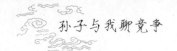

风吹草动就会陷入困境。

所以说，竞争越是激烈，企业越是要有紧迫感、危机感，要树立正确的风险意识，要居安思危。特别是对于一些几年来一直一路顺风走过来的企业，不要认为前景将一如既往，一片玫瑰色，可以高枕无忧，致使有时临近悬崖都不察觉，毫无防备，结果在危机面前措手不及。

这些年来一些成功企业的突然"塌方"以至于销声匿迹，其中很多正是由于在危机面前不知所措、束手无策造成的。

对企业来说，不论现在处境如何，都必须对前景做好两手准备，只有把"利"与"害"都认真分析考虑到，才能事先找好对策，变被动应付为主动对待，在激烈的市场竞争中把握先机，取得胜利。

当今经济体制的转变，使企业由原来的封闭状态转向开放。现在企业作为社会的一个成员，除了搞好自身的生产外，越来越要求对社会负责，所以企业不能仅着眼于对企业自身的利害关系，更要考虑到对社会、对顾客、对国家的利害关系。《孙子兵法·作战篇》说："故不尽知用兵之害者，则不能尽知用兵之利也。"

对企业来说，也需要"尽知"对企业、对社会两方面的利和害。如果只考虑到对企业的利，而造成对社会的害，那就万万不可取。保护环境就是一例，要是只为了企业眼前利益而忽视环保去排污，造成当地环境污染，甚至贻害子孙后代，则为社会所不容，这样的企业也绝无前途。企业的存在要为社会、为国家做贡献，主要体现在创造财富、创造就业机会，造福一方。但如果进行不惜工本的恶性竞争，就既损害了企业自身利益，没有能力加强发展后劲与提高经济实力的投入，也减少了向国家上缴的税收。

对产品和服务质量的监控也直接关系到企业的利和害。销路兴旺时，为了提高产量，或招徕更多顾客，就有可能降低产品质量。所谓"萝卜快了不洗泥"，从暂时看似乎是增加了收益，但却损害了企业的形象和产品的声誉，很快就会导致相反的结果，这也证明只尽知利而忽视了尽知害的危险。

由此可见，在企业处于"安乐"时如没有危机感，则实际上就已潜伏了陷入危机的前景。居安思危正是为了避免以后的"危"，而在处于"安"时就要时时存在危机意识，才能尽可能避免危机，处于安稳状态。为此，一定要谨记：居安思危，防患于未然。

竞争智慧

◇居安思危，防患于未然。

◇商家想要在某一行业中获得绝对优势，就必须面对瞬息万变的商情与众多的对手，掌握行业的发展态势，占得先机，从而立于不败之地。

◇对企业来说，不论现在处境如何，都必须对前景做好两手准备，只有把"利"与"害"都认真分析考虑到，才能事先找好对策，变被动应付为主动对待，在激烈的市场竞争中把握先机，取得胜利。

看透全局，方能使事业常青不败

【聊天实录】

我：孙老先生，您对竞争前的准备有何高见？

孙子：我曾说过：故经之以五事，校之以计而索其情：一曰道，二曰天，三曰地，四曰将，五曰法。

我：您这句话该如何解释呢？

孙子：这句话的意思就是：所以要从以下五个方面分析研究，比较交战双方的各种条件，以探究战争胜负的各种情形：一是道，二是天，三是地，四是将，五是法。

我：您的意思是说，只有要把局势看透了，才能谋划用兵之策，这是一种大局观念。对创业者来说，胸中要有大局，才能被眼前迷雾所惑。创业计划能否最终能否实现，要做出准确的判断，并非是一件轻而易举的事，这其中的关键是要有全局判断能力，能够"盘算整个局势"，能够看出整个局势发展的大方向，并知道如何"照这个方向去做"，才能使自己立于不败之地，这才叫看得准。根据按照您的说法，一个善于谋算的创业者胸中要有"全"字，不能只看到眼前利益，而是要目标远大，从长远之处获得更大的利润；如果目标短小，就会被蝇头小利所害。当然，这与创业者胸襟是否开阔、抱负是否远大有关。

孙子：是的，看透全局，方能使事业常青不败。

【解读】   ✻ **麦氏兄弟的创业史** ✻

1954 年，时为营销员的克罗克第一次走进了圣伯丁诺的麦当劳，他立刻被它所吸引，从此与麦当劳结下不解之缘。

麦当劳本为麦氏兄弟所创，最终被克罗克发扬光大，克罗克为此付出了努力与艰辛。

1954 年，克罗克与麦氏兄弟经过协商签订了合约，开始了对麦当劳的经营管理。

随着克罗克在速食业中的发展，麦氏兄弟的阻碍作用也越来越明显了。由于麦氏兄弟目光短浅，克罗克的连锁原则得不到充分的发展，麦氏兄弟却贪婪地取得了克罗克仅有的 1.9% 服务费中的 0.5% 作为权利金，这严重阻碍了麦当劳的扩展。

自 1961 年初开始，麦氏兄弟和克罗克就为麦当劳出让一事进行磋商。

最后，麦氏兄弟开价了：

"我们一定要 270 万美元，一定要现金……一分也不能少！"

克罗克差点要晕了，他没想到他们竟会这样狠心。

但是，他却一筹莫展，因为克罗克与麦氏兄弟俩签约的时候，并没有发现那里面简直让人无法接受的苛刻限制，他当时过于急躁和匆忙，以至于没能全面权衡，从而为以后的发展埋下了很深的隐患。

合约里有这样一项规定：在未获书面许可以前，任何麦当劳兄弟设定的快速服务系统，都不得转变、修改，或做任何变动。

任何事物都是发展变化着的，为了适应这发展变化的情况，就必须不断更改旧的、过时的东西。克罗克在从事速食业的 7 年中，在麦氏兄弟的默许下，对麦当劳的诸多制度进行了修改，但麦氏兄弟从未出示过相关证明，严格地讲，克罗克无时无刻不在违反合约。

克罗克卖出去的连锁越多，违反合约的地方就越多，这就成了恶性循环。这对克罗克来说，简直就是糟透了。

麦氏兄弟虽然并没有威胁说要控诉克罗克违反合约，但不安时时萦绕着克罗克。稍有不慎，惹翻了麦氏兄弟，克罗克就有得受。

到 1960 年，麦氏兄弟与克罗克的 10 年合约期限，仅剩 4 年。虽然克罗克有权再续 10 年，但由于技术违约太多，只要麦氏兄弟不高兴，续约也就泡汤了，并且，麦氏兄弟随时都可以控制连锁权。

备受折磨的克罗克开始与麦氏兄弟就续约一事磋商。克罗克想先续 90 年，并希望得到自己可以开店的权利。麦氏兄弟派法律代理人卡特与克罗克直接磋商，卡特坚持不改动原合约条款，但麦氏兄弟表示愿意有弹性地接受要求。

1961 年 2 月，双方正式签订续约。克罗克得到 99 年的续约，并且可以在麦当劳系统公司下直接开设连锁店；在不改变"店面设计、大小、外观"的情况下，可以改变新店的蓝图。

然而事情并没有结束，麦氏兄弟与克罗克之间隔阂日深。

克罗克一边设法筹款，一边委托律师伯纳草拟连锁权转让合约。

几经周折，克罗克终于如愿以偿。

由于计划不周及受不可抗力的阻挠，克罗克在营造麦当劳宏伟蓝图的过程中，饱受煎熬，在一定程度上，麦当劳公司的蒸蒸日上，可谓姗姗来迟。

全面权衡了才能成未竟之功

战略决策，是争战的最大、最重要的问题。要正确进行战略决策，首先要慎重，其次要会做战略决策。在商海争战、企业运营中，都必须讲究"决策术"，决策正确与否是影响经营目标完成的先决条件和重要因素。决策者必须熟知自身条件和外部环境，谋长远，谋全局，谋效益，慎重仔细，经深思熟虑，谋而后战，力争使经营决策有科学性、准确性，以指导生产经营活动顺利达到目标，否则，只能功亏一篑。

经验对于商人而言是十分宝贵的。一个人从对经商一窍不通到对商务很有阅历，那可是极不容易的，他那一脑袋经验知识都是金钱和心血换来的呀！所以，一般资深的商人是极看重自己的经验，遇上什么难题时，总习惯于用以前曾经成功的方法来解决，如果行市没有大的变化，他那些方法常常成功。

但在市场经济社会中，情况瞬息万变，新招怪招层出不穷。如果思想僵化，固守以往的经验，就会停滞不前，甚至把自己的公司引入绝境。

在大公司，一个总裁不能解决问题，还可以把他换下来，另请高明，另用新法，问题总还可以解决。小商小店就不同了，生意人总不能自己炒自己的鱿鱼，唯一能做的，就是改变自己的观念。但话是这么说，真正做起来又不是件容易的事。当经验在大脑里越积越多，甚至形成一种思维定势时，他是很难用新眼光来看问题的，总习惯于用自己的价值标准和思维模式来评判情况，这就叫作墨守成规，叫作思想僵化。越是成功的商人，就越容易陷入这样的困境，就越难适应新的环境。特别是当他有了一定的家产，就越趋向于保守，他得守住这来之不易的财产。经验告诉他，这就不能标新立异，还是经验可靠，外边新的东西对他来说是可怕的和充满风险的。

要避免这种情况，首先要学会以一种新的思维模式和价值标准来看这个变幻莫测的世界，经常提醒自己，世界这么大，变化这么快，自己原来的那一套怎么够用呢？这种自省对于保守的人来说，也许是困难的，甚至自觉滑稽可笑，但经常这么做会有效果的。

其次，经常反思前一段的生意，看看有什么问题，有什么失误，是不是还可以做得更好一些。这样做，并不是叫你去后悔，而是要你明白一个道理：任何成功的经验都是有缺陷的，不值得固守不变。

再次，多看书看报看电视，多接受各种各样的新信息，多听听别人的不同意见。这样可以启迪你的思维，启发你用一种全新的眼光来看问题。

最后，生意决策时，不要过于患得患失，不要老是想万一赔了怎么办。生意场本来就是有赚有赔的，老怕赔还怎么开拓进取？不敢担风险，是成不了大器的。

了解各行业的发展趋势，能帮助你建立自己的事业。假如你预测到某个行业的变动所带来的影响，就能相应掌握赚钱的机会。

例如，数年前国内尚未流行穿名牌，而最早引进一系列名牌产品的公司，却以系统的宣传手法推广，后来取得了成功，这就不得不佩服该公司的独到眼光。

趋势是受多方面因素影响的，如社会风气、经济、家庭结构、人口、个人喜好等。

置身于电脑业极度扩张的年代，对任何人来说，认识电脑、学习电脑语言，是刻不容缓的，于是，教授电脑的学校不断增加，并趋向于更加专业化。

每一项新科技的出现，皆因有此需求才应运而生。如自动取款机的出现，是

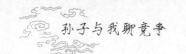

银行顾客不愿意浪费时间排队等候而产生的，对银行方面而言，自动取款机减轻了出纳员的工作量，也方便了顾客存款及取款，一举两得。

所以说，只有看透全局，全面权衡才能成未竟之功，才能事业常青不败。

竞争智慧

◇看透全局，方能使事业常青不败。

◇战略决策，是争战的最大、最重要的问题。

◇要想生产出比别人更为物美价廉的商品，需要有高科技的支持，而高科技是人类智慧的结晶。

得人才者，方能得天下

【聊天实录】

我：孙老先生，您对竞争前的准备有何高见？

孙子：我曾说过：卒善而养之，是谓胜敌而益强。

我：您这句话该如何解释呢？

孙子：这句话的意思就是：对俘虏过来的士卒要给予善待和使用，这就是所谓的战胜敌人而使自己愈加强大。

我：您的意思是说，对待俘虏要如同对待自己的士卒一样，这不仅体现了一种人道主义观，也表明了其对人才的重视。那么，在现代商战中，人才的争夺日趋白热化，为了在竞争中立于不败之地，有时为了人才甚至可以收购其所在企业。

孙子：是的，得人才者，方能得天下。

【解读】 　思科通过并购公司而得人才

　　1984 年成立的思科 (Cisco) 系统公司是一家标准硅谷模式的高科技公司，对 IT 产业有所了解的人都会知道，思科公司是全球最大的网络解决方案供应商之一。

　　现任思科主席兼 CEO 约翰·钱伯斯 1991 年被聘为思科全球运作高级副总裁，当时公司员工仅 300 人，年收入 7000 万美元。但到了 2000 年，思科在世界 50 多个国家已拥有 29000 多名员工，2004 财政年度总收入达到 300 亿美元。

思科科技公司

　　思科能取得这样的辉煌成就，其中原因很多，但其与众不同的购并人才策略起了最大的作用。作为一家新兴高科技公司，思科并没有像其他传统企业一样耗费巨资建立自己的研发队伍，而是把整个硅谷当作自己的实验室，收购面向未来的新技术和开发人员，以填补自己未来产品框架里的空白。一般来说，思科差不多能够在三年内平衡收购成本，因此那些在未来 6 ～ 12 个月有非常好的科技产品的小型创业公司是思科理想的收购目标。美林全球证券研究部门认为：思科通过收购获得外部研发资源，缩短了关键产品从研发到投放市场的时间，并最大限度地降低了与研发失败相关的费用。

　　思科公司通过大规模的收购实现快速的发展。例如，思科在一年时间内收购的公司曾多达 65 个，因此，思科称自己为一个 NewWorld。收购可以实现公司的快速增长，但是失败的收购也会让公司慢慢衰败，甚至消亡。钱伯斯曾经做过王安电脑公司的总裁，由于王安公司的失败导致公司大量裁人，经他之手裁掉的人多达千人，这是他在职业生涯中最不愿意看到的，也最不能忘怀的经历，促使他在以后的职业生涯中非常注重避免企业的不良经营导致的裁员。

钱伯斯可以称得上是一个收购专家，在收购过程中除了考察该企业的技术因素，还有一点是看能否消化吸收这个公司，其中最重要的一点是这个公司的文化与思科有多大差异。所以每次收购，钱伯斯都要带领一个"文化考察团"——由人力资源部成员参与的收购班子。经过许多次收购，思科的文化也渐渐发生融合，形成了今天兼收并蓄的文化特色，但始终坚持一个核心的价值观就是以客户为中心。思科曾经因为某个客户需要一种技术而去收购了掌握那种技术的一家公司，买公司不稀奇，买完之后让这个公司变成思科的一分子，并能保留买过来的公司的技术和人才，这才是快速成功的一个条件。

思科设有一个专门机构，对收购公司进行大量的定量分析。他们的兼并小组带着一些目标进行特别广泛的评估，除了工程师检查技术，财务人员核对账簿外，更重要的是，思科公司的小组还检查人才情况和管理质量，如果思科公司准备购买的话。因为思科收购一个公司既看它的技术，更看创造技术的那些人才。

思科公司在并购后还有一个更重要的工作要做，那就是消化人才。钱伯斯认为，并购主要是为了人才，他说："我们衡量一次并购是否成功的标准是：首先是收购公司员工的续留率，其次是新产品的开发，最后才是投资的回报率。"为了在并购后消化增加的人员，钱伯斯选择了只吃"窝边草"的策略。公司不收购硅谷以外的公司，这样可省却员工及家属举家迁移的麻烦。

对于想要收购的"猎物"，钱伯斯会亲自检查它的股票分布：股票是在几个投资者手中，还是在上层经理掌握之中？他们怎样对待员工，他以此来判断该公司企业文化是否与 Cisco 兼容，这种考察一般为 6 ～ 12 个月。有一次公恩科想收购一家众人都看好的公司，产品对路，价钱也合适，但购并后必须解雇员工，最终钱伯斯还是放弃了。还有一次思科公司的收购竟因三个人员的安置问题而搁浅，"购并成功的关键在于选择，就像结婚一样，如果只约会一次就结婚，婚姻就不太可能美满。如果你知道择偶条件，并花很多时间研究和追求，成功率就会提高。"

可见，思科并购公司，都是以得到人才为目的的。并且，思科通过并购，得到了大量的人才，这些人才也给思科带来了原来公司的技术，这也是思科能够取得辉煌成就的重要影响之一。

得人才者得天下

企业与企业之间的竞争，归根到底，还是人才与人才的竞争。因为要想生产出比别人更为物美价廉的商品，需要有高科技的支持，而高科技是人类智慧的结晶。因此是否拥有高科技，是许多经济活动成败的关键。

美国能长期富甲天下，除了它的优越的自然条件外，主要是因它的科学技术在世界居领先地位，而这正有赖于拥有大批一流人才。美国除了自己培养人才外，还善于容纳、引进和网罗天下人才为己所用。其吸引人才之法有二：一是给予高薪，二是为之提供良好的研究条件。

美国是最舍得在科研上花钱的国家，据统计，它的科研经费要多于主要西方发达国家之总和，并在逐年增加。

为了引进国外人才，美国还两次修改了移民法，对于有成就的科学家，不考虑国籍、资历和年龄，一律允许优先进入美国。因此，各国人才多乐于奔往美国。

瑞士有一位研究生研制成功一种电子笔和一套辅助设备，其性能可以用来修正遥感卫星拍摄的红外照片，这项重大发明引起全世界的注目。

美国一个大企业闻讯后马上派人找到那位研究生，以优厚的待遇为条件，动员他到美国去工作。瑞士一些公司也千方百计地要留住他，于是，希望得到人才的各方展开了人才争夺战，你给他加薪，我给他再加薪，弄得不可开交。

最后，精明大胆的美国人说，现在我们不加了，等你们加定了，我们乘以5。就这样，这位研究生连人带笔一起被弄到了美国。

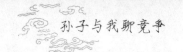
目前，在美国教育系统和科技系统，尤其是高科技领域，外国科学家和工程师占的比例相当大。

美国国家科学基金会 1985 年的调查结果表明：美国 50% 以上的高技术部门的公司大量聘用外裔科技人才，外裔科技人才占这些公司科技人员总数的 90%。

在美国著名的"硅谷"工作的科技人员有 33% 以上是外国人，在美国从事高级科研工作的工程学博士后研究生中，外国人占 66%，美国 33% 的名牌大学的系主任是华裔学者，在美国星球大战计划中扮演重要角色的也是外国科技人员。

据统计，自 1952 年至 1975 年，由于美国大量引进人才，为美国节省培养人才经费 150 亿～200 亿美元，更重要的是他们对美国经济发展起了重要的作用。在 20 世纪 30 年代，仅欧洲各国到美国定居的科学家做出的贡献，就相当于为美国增产了 300 亿美元。

正因为美国能集中天下人才为之从事科学研究，美国的科技才能走在世界的最前列。第二次世界大战后，美国引进科技人才最多，因而取得的科技成果也最多，占世界科技成果总数的 60%～80%，获得颁发的诺贝尔奖奖金总数的一半。

科技高度发展促进了经济的繁荣，美国才成为世界上最富裕的国家。

总是，美国经济的繁荣、能够成为世界上最富裕的国家，正是因为美国拥有一批世界顶尖级的人才，才让人们为之钦慕不已。当然，并不是说美国是"皇道乐土"，正确地说，它只是有钱人的乐园。为此，也可以推断出：得人才者，方能得天下。

竞争智慧

◇得人才者，方能得天下。

◇企业与企业之间的竞争，归根到底，还是人才与人才的竞争。

◇要想生产出比别人更为物美价廉的商品，需要有高科技的支持，而高科技是人类智慧的结晶。

巧妙运用预测术，战而胜之

【聊天实录】

我：孙老先生，您对竞争前的准备有何高见？

孙子：我曾说过：知可以战与不可以战者胜。

我：您这句话该如何解释呢？

孙子：这句话的意思就是：知道可以打或不可以打的，能够胜利。

我：您的意思是说，在战场中未战先料胜负才算是高明。同样，预测在商战中也是一门重要韬略，只有根据对各种影响商战的因素加于预测，才能策划好制胜的商战对策。

孙子：是的，巧妙运用预测术，战而胜之。

【解读】 　　　　李嘉诚善于运用预测术

　　20世纪80年代中后期，加拿大经济面临挑战，但加拿大最大的收获，是"逮住"了世界华人首富李嘉诚，仅他一人，就为经济面临衰退的加国，带来100多亿港元巨资。香港众多华商，唯李嘉诚马首是瞻，他的好友、同样是世界级华人富豪郑裕彤、李兆基等，竞相进军加拿大。

　　加国官员频繁赴港专程采访，而且为了便于与李嘉诚接触，把办公室也搬进了华人行。在决策阶段，李嘉诚几乎每天都要接待这些加国"猎手"，并与高级助手研究加方提供的投资项目。

　　一位加拿大商务官对李嘉诚简直是着了迷，他有一幅李氏的肖像(杂志封面)，挂在办事处内，此人提到李嘉诚便赞不绝口，说道："那是我的英雄人物！"

　　这位商务官很想让李嘉诚投资魁北克省，哪怕是买下皇家山一座房子、一间纸厂还是一些餐厅连锁店，都十分欢迎。只要李氏肯投资，魁北克便可列入李的商业帝国版图，而且还可以吸引其他香港富商仿效。

马世民充当了李嘉诚的"西域"大使，他是力主海外扩张调门唱得最高者。李嘉诚早就萌生缔造跨国大集团的宏志，现在和黄、港灯相继到手，现金储备充裕，自然想大显身手。

李嘉诚、马世民以及长江副主席麦理思，穿梭于太平洋上空。1986年12月，在加拿大帝国商业银行的撮合下，李氏家族及和黄透过合营公司 UnionFroth 投资32亿港元，购入加拿大赫斯基石油公司52%股权。耐值世界石油价格低潮，石油股票低迷，李嘉诚看好石油工业，做了一笔很合算的交易。

这是当时最大一笔流入加国的港资，不但轰动加国，亦引起香港工商界的骚动。

其后，李嘉诚不断增购赫斯基石油股权，到1991年，股权增至95%，其中李嘉诚个人拥有46%，和黄与嘉宏共拥有49%，总投资为80亿港元。

李嘉诚的两个儿子都加入加拿大国籍，他本人于1987年应邀加入香港加拿大会所，成为会员。每每李嘉诚出现在加鑫大会所，驻港的加国官员及商人，便把他如众星捧月般围住。

香港舆论纷纷，有人说他是本埠华商最大的"走资派"；有人说他大肆收购欧美企业，是隐形迁册；还有人说他食言，准备大淡出。李嘉诚说："因投资关系，我在1967年时已获得新加坡居留权，别人怎么说，我并不在意。"

1988年，兼任加拿大赫斯基公司主席的马世民，会见美国《财富》杂志记者时说："若说香港对我们而言太小，这的确有点狂，但困境正在日渐逼近，我们没有多少选择余地。"

马世民还谈到收购赫斯基公司的波折。按照加国商务法例，外国人是不能收购"经营健全"的能源企业的。赫斯基在加国西部拥有大片油田和天然气开发权、一间大型炼油厂及343间加油站，除石油降价因素带来资金周转困难，并无出现债务危机，幸得李嘉诚已经安排两个儿子加入加拿大籍，收购计划才得以顺利通过。

国际化经营战略是企业总体经营战略中十分重要的组成部分，在激烈的国际市场竞争中，许多企业比较重视运用产品、技术及价格等"刚性"手段，去争取优势，赢得胜利。然而，国际经济竞争已打破了地域、时空等局限，向全方位经营与竞争扩展，仅仅运用"刚性"竞争策略远远不能适应。因此，经营者必须在企业的各个方面，包括人员管理上有新的选择与举措。

企业要想在国际市场上竞争获胜必须要有适合国际氛围的人才，掌握最现代化的经营手段，熟悉他国的文化、风土人情，掌握多门外语等都是对国际新型经营人才的要求。李嘉诚可谓深谋远虑，他似乎早已预料到国际化趋势的来临，因此，在20世纪70年代初使开始重用熟悉他国文化、语言以及社交手段的人。

由此可见，李嘉诚这个世界级的大商人，之所以能够名扬海内外，20世纪80年代中后期，他在加拿大的投资就是其这种商战韬略的明证。也足以证明，李嘉诚在扩张自己商势时，总是先看、后想、再行动。

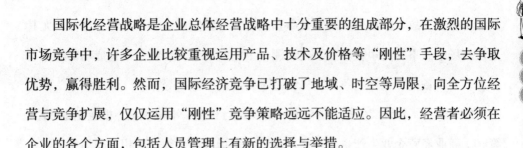

要巧妙运用预测术

在商战中营造自己成功局面的时候，一定要懂得多点开发的道理，不能够死守一处，等待着别人的轰击。对于经商者来说，在适当的时候应用"扩张术"，是非常有必要的，财富是被扩张出来的，但在扩张的同时要注意战术，精心策划。李嘉诚说："要扩张自己的生意和势力，把自己的地盘扩大是首要之务。"他认为扩张之道不在于勇，而在于巧。当一群人在一起为一点利益相互较量时，你可以躲在远处，静观事态的变化，从而借机从中捞到一点利益。退避三舍，不意味着与人无争，真正的竞争高手，总是先看、后想、再行动。同样，真正的世界级大商人必定要"隔岸观火"、精心策划，以全球化经营战略为方案。

宋人张预曾说："筹测深远，则其计所得多，故未战而先胜。深虑浅近，则其计所得少，故未战而先负。"凡事预则立，不预则废。一个人做一件事，尤其是在商场中做事与竞争，就要事先预测一下它的前景，分析一下它成功的概率有多大，要具备些什么样的条件，先要做哪些准备工作，等等。

所以，为了保证"争战"的顺利，必须进行预测，准确预测，慎重制定战略、策略。商业经营企业生产也是这样，在进入市场前，必须针对相关的消费倾向、生产趋势及市场变化进行分析和预测，以此作为经营决策的依据。所以，做了如此充足的预测与准确，焉能不战而胜之？

竞争智慧

◇巧妙运用预测术，战而胜之。

◇预测在商战中也是一门重要韬略，只有根据对各种影响商战的因素加于预测，才能策划好制胜的商战对策。

◇一个人做一件事，尤其是在商场中做事与竞争，就要事先预测一下它的前景，分析一下它成功的概率有多大，要具备些什么样的条件，先要做哪些准备工作，等等。

做好充分的准备，竞争对手无懈可击

【聊天实录】

我：孙老先生，您对竞争前的准备有何高见？

孙子：我曾说过：故用兵之法，无恃其不来，恃吾有以待之；无恃其不攻，恃吾有所不可攻也。

我：您这句话该如何解释呢？

孙子：这句话的意思就是：所以用兵的原则是：不抱敌人不会来的侥幸心理，而要依靠我方有充分准备，严阵以待；不抱敌人不会攻击的侥幸心理，而要依靠我方坚不可摧的防御，才不会被战胜。

我：您的意思是说，在战争发生之前，自己应该做好充分的准备，增强自己的实力，把未来可能会出现的问题事先估计、预测好，只有这样，才能使自己在战争中始终处于有利的位置。在商场上也是如此，一定要把胜利奠定在己方的充分准上，使竞争对手无懈可击、无机可乘的基础之上。

孙子：是的，做好充分的准备，竞争对手无懈可击。

【解读】　让竞争对手无懈可击的吉姆

世界上有一种原则，叫"祖鲁人原则"。这一原则的大意是：只要选择一个比较狭窄的课题钻研下去，就会成为这方面的行家里手。比如说，你在《读者文摘》上看到一篇有关祖鲁人的文章，仔细读过之后，你就比你这条街区的人对祖鲁人要知道得多些。如果你再跑到图书馆把有关祖鲁人的书籍都借来看，就会知道得更多。如果你去南非到祖鲁人住的地方继续研究，就比英国任何一个人对此题目知道得更多，就是有备无患。

祖鲁人原则是伦敦北区的吉姆 20 岁时发明的。

吉姆把祖鲁人原则用到证券市场上，他仔细钻研较为狭窄的净利收入领域，而不去研究公司的资产。他把他的全部钱财都购买他认为有前途的一家公司的股票，而不是分散冒险。他投入 2800 英镑，3 年之后资本增值为 5 万英镑。

起初吉姆做些小额的证券生意，他的事业慢慢发展起来。半年之后，吉姆——沃尔克证券有限公司成立。7 年之后，公司成了欧洲屈指可数的大财团；1972 年，他已拥有 2.9 亿英镑的资产。

到了 1973 年，证券市场崩溃，银行发生危机，地产市场关闭。1975 年吉姆从公司辞职出来后，背了 100 万英镑的亏空，不但成了一名破产富豪，而且还面临新加坡政府的刑事起诉。

吉姆背着 100 万英镑债务，还要支付利息、生活开支和雇人的开销，外加租用写字楼的费用。他细算了一下，在三四年内，最低要赚到 250 万英镑才能还清那 100 万英镑的债务。在亏欠 100 万英镑的情况下要做到这一点，是很困难的。

怎么办呢？吉姆先后做了三件事：头一件事是稳住债主，第二件事是维持信用；第三件事是设法赚钱。幸运的是，有个名叫罗兰的朋友愿意同他合作，他们合办了一家公司做房地产生意。公司买下了伦敦巴特西附近的一座大厦，共有 192 间单元套间。他们先付出 30 万英镑买下，转手以 100 万英镑卖出，赚了约 70 万英镑。然后他们又买下了巴克利大厦，付出 50 万英镑，6 个星期后以 70 万英镑转手卖出。

与此同时，吉姆还为孩子写书。这也赚了一些钱，但是不多，他写了 29 本书，其中有些只是不到 1000 个字的小册子。

吉姆一边做房地产生意，一边写书，又想重新涉足股市。但是他的合伙人罗兰对股票生意不感兴趣，两人为此分道扬镳，罗兰连本带利提走了他的钱。

这时吉姆仍然欠债，他用分期付款方式还债。他在股票生意上赚了些钱，用赚来的钱去填以前的窟窿。拖了四五年光景，吉姆终于把 100 万英镑债务连本带利全部还清了，随着欠债的还清，他的信心也逐渐强烈起来。

这时吉姆开始对黄金感兴趣了。

他的一个朋友想创建一个金矿，吉姆和一些友人共筹集了 100 万美元。这家金矿叫作百年矿业公司，他们物色到一位具有丰富开矿经验的人。他们和一家名叫美国矿业勘探公司的美国公司做成了第一笔生意，这桩交易做得很成功，他们以 100 万美元的公司资本，做成了一笔 2200 万美元的交易。

从 1973 年起，吉姆认为渔场是一种新的"赌博"，因为渔场的风险很大。

他买下的渔场是一段河流，有几公里长，他可以在这段河流的任何水域里捕鱼。渔场在苏格兰，吉姆的公司名叫鲑鱼资产公司，后来公司又买下了几处渔场：泰晤士河2处，安嫩河1处，埃查格河1处。买这些河段的捕鱼权花费了几十万英镑。

在吉姆到来之前，埃查格河和安嫩河的河口上还扎着网，鲑鱼不能由此溯流而上去产卵，吉姆买下河段后就下令把网撤掉了。在此之前在河口扎了网的河上，平均每年捕到23条鲑鱼，吉姆把网拿掉后，当年就比别人多捕了142条鲑鱼。鲑鱼是一种极其名贵的鱼，每条可卖3000英镑，3000英镑乘以多的142条鲑鱼，就是40多万英镑。

此后，吉姆在加拿大的米拉奇又买下了一处最美丽的渔场，大小共600英亩，内有一个高尔夫球场，一个速射靶场还有许多鱼，他说他仅在18天里就捕到144条鲑鱼。他是花20万美元买下的，不用费什么劲，轻而易举就能卖到200万美元。

吉姆做到了随时都"做好充分的准备"，并奋发向上，成为世界闻名的渔业大王。

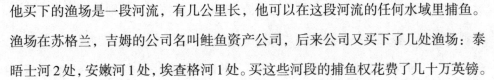

凡事要做好充分的准备

众所周知，战争是智和勇的搏击，任何一个小的疏忽和失误都有可能导致兵败身亡，甚至是国破家亡的严重后果。因此，千万不要把希望寄托在敌人的"不来"和"不攻"上面，而是始终要把胜利奠定在自己的充分准备，使敌人无机可乘的基础之上。

在中外历史上，就有很多睿智的将领懂得"做好充分的准备"这个道理，在敌人到来之前就早做准备，从而取得战争的胜利。

现在由于国内国际的动态变化很快，企业在前景发展中出现的不确定因素比以往任何时候都更多更复杂，很多因素难以预料，因此便要对可能出现的风险予以更大的关注。首先要求及时了解来自外界的信息，把握其发展趋势，分析可能对企业的经营带来什么影响，然后对可能出现的各种情况，特别是对企业会产生不利的情况，多提出一些假设。"假如出现什么问题，那么我该怎么办？"如在事前把每一种可能出现的情况，尤其是不利的情况设想得更多一些，更周密一些，并且针对每种情况准备好有效对策，那么一旦某一假设成为事实出现在面前时，企业就会做好充分的准备，很好地应对市场风险。

所以说，做任何事都需要有条件，条件是否充分、有利，将直接关系到事情的结果，所以，当准备做某件事时，一定要事先考虑周全，做好准备，只有这样，才能使所做的事情顺利完成，才能让竞争对手无懈可击。

竞 争 智 慧

◇做好充分的准备，使竞争对手无懈可击。

◇现在由于国内国际的动态变化很快，企业在前景发展中出现的不确定因素比以往任何时候都更多更复杂，很多因素难以预料，因此便要对可能出现的风险予以更大的关注。

◇做任何事都需要有条件，条件是否充分、有利，将直接关系到事情的结果。

料敌制胜，有利于经营活动的顺利开展

【聊天实录】

我：孙老先生，您对竞争前的准备有何高见？

孙子：我曾说过：料敌制胜，计险厄远近，上将之道也。知此而用战者必胜，不知此而用战者必败。故战道必胜，主曰无战，必战可也；

战道不胜，主曰必战，无战可也。故进不求名，退不避罪，唯人是保，而利合于主，国之宝也。

我：您这句话该如何解释呢？

孙子：这句话的意思就是：正确判断敌情，考察地形险易，计算道路远近，这是高明的将领必须掌握的方法。懂得这些道理去指挥作战的，必定能够胜利；不了解这些道理去指挥作战的，必定失败。所以，根据分析有必胜把握的，即使国君主张不打，坚持打也是可以的；根据分析没有必胜把握的，即使国君主张打，不打也是可以的。因此，战不谋求胜利的名声，退不回避失利的罪责，只求保全百姓，符合国君利益，这样的将帅，才是国家的宝贵财富。

我：您的意思是说，要学会正确地判明敌情以采取制胜的措施，把前进道路上的地形、距离都考察得清清楚楚，这就是贤能将军的作战方法。在企业管理中，精明的企业家也要"料敌制胜，计险厄远近"，才能一展身手，取得非凡的成果。

孙子：是的，料敌制胜，有利于经营活动的顺利开展。

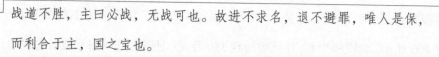

【解读】 "料敌制胜"的关键是正确判断市场需求

湖南衡阳卫生材料厂在20世纪80年代初期面临着严重的困境：产品因滞销而大量积压，资金无法周转，职工整天唉声叹气，有门路的纷纷要求调走。厂长汪延禧一上任，就通过走访10多家医药公司，了解到药膏产品在市场上很走俏。于是他迅速召开会议，布置新产品的开发。经过几个月的艰苦奋战，终于将"星球"牌运动创伤膏研制成功并投放市场，当年就扭转了危难局面，工厂赢利达20余万元。1985年至1990年，该厂又根据市场需求，研制了关节止痛膏等十多个新产品投放市场，经济效益迅速上升。10多年来，该厂年产值由200多万元增加到近400万元，利税额由62万元增加到350万元，还被授予"扭亏增盈先进单位"等光荣称号。

要做到判断正确，必须做调查研究。

广西桂南特种橡胶总厂的前身是一个镇办的日用五金小企业，由于设备简陋，管理不当，1986年该厂已拖欠银行贷款20万元。1987年，35岁的李锦泉上任厂长。为了寻找出路，李厂长率领厂技术人员跑了许多地方，了解到柳州汽车厂等单位需要大量具有耐温、耐磨、耐老化等优良性能的特种橡胶制品以及中南各地皮鞋厂需要大量薄而轻巧耐磨的鞋底，便决定开发多系列的特种橡胶制品。当年就研制出"硅橡胶制品"

特种橡胶总厂

和"橡胶仿革鞋底"两项新产品，增加产值50万元。到1993年，全厂完成销售收入2350万元，利税280万元，比李厂长上任前的全年指标增长了120倍。广西桂南特种橡胶总厂飞速发展的事实，充分体现了《孙子兵法》关于调查研究、"料敌制胜"等战略原则的正确性。

料敌制胜，计险厄远近

《孙子兵法》强调，在战争中要判明敌情，从而制定取胜的计谋，这样就能一举击垮敌人，获得重大的战果。《地形篇》指出："料敌制胜，计险厄远近，上将之道也。"进行金融投资活动，也必须牢记孙子的这一论述，把投资对象的变化动态、前面道路上的"险厄远近"都了解得清清楚楚，然后伺机出击，破敌制胜。

《三国演义》中诸葛亮的锦囊妙计正说明了这个问题。赤壁之战，孙、刘联合抗曹，大破曹军，暂时解除了北方的威胁。之后，孙、刘之间开始了对荆州的争夺。当时，刘备中年丧偶，失去了甘夫人。周瑜得悉这一消息，便向孙权献上一计，请派人前往荆州向刘备说媒，假意将孙权之妹嫁给刘备，然后骗刘备至东吴招亲，扣为人质，逼还荆州。孙权派吕范前往提亲，刘备"怀疑未决"。但诸葛亮胸有成竹，料知东吴之谋，让刘备答允这门亲事，而且会使"吴侯之妹，又属于公，荆州万无一失"。然后，诸葛亮坐镇荆州，让赵云带 500 兵士，保驾刘备招亲。临行前，诸葛亮授予赵云三个锦囊，并嘱咐赵云按囊中三条妙计，依次而行。赵云牢记军师嘱咐，依锦囊所授之计而行，使刘备东吴之行化险为夷，顺利招亲，得了"佳偶"，而且安全返回荆州，使孙权、周瑜落得个"赔了夫人又折兵"的结局。

人们佩服诸葛亮料敌如神，计谋高超绝伦，其实，诸葛亮是在完全了解吴国君臣心机的情况下订立的妙计。首先识破"提亲"是骗局，便将计就计，大造舆论、声势，搞得沸沸扬扬，搞成既成事实，迫使孙、周哑巴吃黄连，只得弄假成真。其次，他深知刘备戎马半生，丧偶又得佳丽，会沉溺安乐，"乐不思蜀"；同时又深知孙、周会因此利用荣华安乐、声色犬马软禁刘备，因此设了第二条计。其三，他料定刘备逃出，孙、周绝不肯善摆甘休，会派兵追回刘备等人，因此设立了第三条计，让刘备请出孙夫人出来退兵。

刘备招亲过程中，刘备、赵云等人能够处处主动，步步占先，就在于有诸葛亮的三条锦囊妙计。诸葛亮之所以能在事情发生之前预先定下应付妙计，是由于他对事态的发展有着高度准确的预见。他这种先见之明，绝非来自主观臆断，而是来自对己方和彼方情况的深入了解以及对事态发展的符合逻辑的透彻分析。

当然，诸葛亮也有失算的时候，著名的"街亭之战"，就是诸葛亮没有慎重考虑马谡只知"纸上谈兵"，缺少实战经验，而委以重任，最终导致"失街亭"，

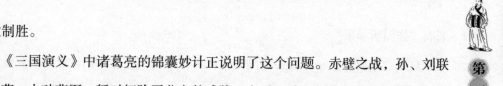

进而"挥泪斩马谡"。

对于今人而言，一方面要深刻研究诸葛亮的用兵之道，同时也要研究他"失街亭"的原因，并总结经验，才能永保胜利。

早年由香港移居美国的华人司徒炎恩，长期投资股票，深知其中的奥秘。为了选择股票投资，他经常做市场的调查研究和资料搜集，除了看公司年报外，还要亲自试验某些公司的产品，以判断该公司的生意前景，确定其股票的升值潜力。1992 年，在他 14 岁时，炎恩动用了多年积蓄下来的 700 美元买了一家电脑软件公司的股票，因为他经过调查研究，肯定此公司的股票有升值潜力，结果三个月后，股票升值逾倍。他把股票卖掉，净赚了 800 美元。1993 年，他向家人、亲戚、好友集资两万美元，成立基金，自任经理。由于他深通其中的门道，基金每年都有三成多的增长。他在管理父亲 10 多万美元的退休基金时，投资六种股票，结果，这些股票都大幅度地升值。在投资股票的道路上，司徒炎恩"料敌制胜，计险厄远近"，成了人人称道的"股票神童"。

开办个体商店一直是人们投资的热点，服装店、餐馆、百货店、食品店、书店、音像店、花鸟店等，什么样的商店最能赚钱？这是投资者首先必须调查清楚的问题。开办一家商店，房租的费用是多少？进货需要多少资金？办执照、工商税需要缴多少？其他如装修费、运输费、人工费还要加多少？该商品进货的渠道怎么样？进货后的利润率是多少？开办这种商店，附近有没有同行竞争者？店址选择在何处对销售最为有利？什么商品近期最热销？每天的营业额和净收入大概是多少？商品会不会滞销和积压，会不会变质和报废？商品的损耗率一般是多少，如何防止商品的积压和变质以把损失减少到最低限度？对于上述这些问题如能事先了解，"料敌制胜，计险厄远近"，做出正确的决策，投资者自然能获取大利。

综观古今中外的战争历史，无一不是力量强大的一方战胜力量弱小的一方。即使本来是力量弱小的一方，要最后战胜力量强大的一方，也是由于通过各种途径，使自己的力量最后从总体上超过了最初强大的一方而实现的，这是战争活动的客观规律。

同样，人们不管做什么事，谨慎的性格也是获得成功的必要条件，这就是不办没有把握的事。谨慎的性格带来稳健的办事风格，而这一切又离不开思考。是不是善于思考，是一个人素质能力的体现，一个善于思考的人，必然足智多谋，办法和点子多；相反，则会人云亦云，随波逐流。人与人的差距，往往就体现在思考问题的方法上，一个善于观察、学习、思考和总结的人，必然进步快，业绩突出，也就更容易成功。在面对差距和挑战时，需要及时调整心态，增强自己独立思考、随机应变的能力。

由此可见，在商战中，各种因素并不很清晰明朗，相关的各种条件含混不清，只能通过认真的调查研究与分析，才能使经营活动顺利开展。也就是说：料敌制胜，有利于经营活动的顺利开展。

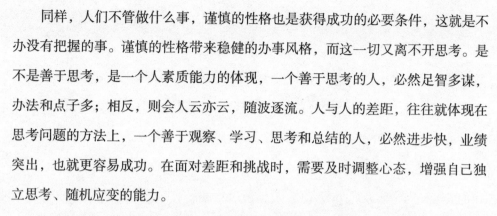

竞 争 智 慧

◇料敌制胜，有利于经营活动的顺利开展。

◇在企业管理中，精明的企业家也要"料敌制胜，计险厄远近"，才能一展身手，取得非凡的成果。

◇在商战中，各种因素并不很清晰明朗，相关的各种条件含混不清，只能通过认真的调查研究与分析，才能使经营活动顺利开展。

第一章

孙子与我聊竞争的时机与机遇

在战场上，能够抓住战机是非常重要的，它决定着一个军队的生死存亡。对商战来说，也是同样的道理。在与竞争对手的角逐中，如果能够抓住先机，往往就能够独占市场，取得巨大的经济效应。也就是说，一旦看准了行情，就要雷厉风行地采取行动。但是，商场上以"快"为先固然重要，也要根据实际情况而定。当时机不成熟时，可以暂时拖延时间，等待机会，一旦机会来了，一定要牢牢地抓住它。

善于捕捉商机，才能在竞争中大显身手

【聊天实录】

我：孙老先生，您对竞争的时机与机遇有何高见？

孙子：我曾说过：故曰：胜可为也。敌虽众，可使无斗。

我：您这句话该如何解释呢？

孙子：这句话的意思就是：所以说，胜利是可以创造的，敌军虽多，可以使它无法同我较量。

我：您的意思是说，要想让战争胜利还是有可能的，只要你善于抓住时机，创造好条件，并且还可以让敌人与我们无法较量。

孙子画像

放在商战中而言，如果只把市场看作是已存在的现实市场，只看到什么产品现在在市场上畅销，就去步别人的后尘，那么，这时市场这块"蛋糕"是已经做好了的，就只有这么大，而且竞争对手已经站在那里了。如果想要转产，无非在现有的、就这么大的一块"蛋糕"中挤进去以期分得一小块，这时，自己能够挤得进去又能分得一块的可能性究竟还会有多大呢？可见，市场除了现实的外，还有潜在的。对企业来说，去研究开发潜在市场更为重要。也就是说，要善于捕捉商机。因为潜在市场这块"蛋糕"现在还没有出现，所以也还不存在现实的竞争对手。这块"蛋糕"要由自己去做，自己爱做多大就可以做多大。等自己做出来了别人再想抢占，则已经被自己捷足先登了。

孙子：是的，善于捕捉商机，才能在竞争中大显身手。

【解读】 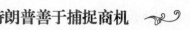 特朗普善于捕捉商机

美国房地产巨富特朗普，出生于一个建筑承包商的家庭。

特朗普 13 岁时，被父亲送到军事学校去上学。军校毕业后，他又到福德姆大学上学。大学上了两年，他认为如果立志经商，霍顿金融学校是个不可不去的地方，于是他转而攻读商业。从那时起，他就向往曼哈顿，因为曼哈顿是纽约的首富之区，许多跨国大公司和大银行都在该区的华尔街上。

1971 年是特朗普大学毕业的第 3 年，他在曼哈顿租了一套公寓房间。这是一套小型的公寓间，面朝邻近楼房的水箱，室内狭小、昏暗，尽管如此，他很喜欢它。

由于这次搬迁，特朗普对曼哈顿熟悉得多了。他逛街的方式很特别，刻意了解这里所有的房地产。他年轻、野心勃勃、精力充沛，要在这里大显身手。

特朗普搬到曼哈顿以后认识了许多人，开阔了视野，了解了许多房地产情况，但仍没有发现他能买得起的、价格适中的不动产，所以他迟迟按兵不动。到了 1973 年曼哈顿的情况突然变糟，由于通货膨胀，建筑费用猛涨。更大的问题是纽约市本身，该市的债务，上升到了令人忧心忡忡的地步。人们惶惶不可终日，简直不能相信这座城市，这种环境不利于新的房地产开发。特朗普担心纽约市的未来，但还不至于彻夜不眠，他是个乐天派。他看到该市的困境，而那也正是他大显身手的良机。他认为，曼哈顿是最佳住处，是世界的中心。纽约在短期内不管有什么困难，事情一定会彻底改观，这一点他毫不怀疑，不可能有哪座城市能取代纽约。

几年来，一直吸引特朗普目光的，是哈得孙河边的一个荒废了的庞大铁路广场。每次他沿西岸河滨的高速公路开车过来时，就设想能在那儿建什么。但在该市处于财政危机时，谁也没有心思考虑开发这大约 100 英亩的庞大地产，那时候，人们认为西岸河滨是个危险去处。尽管如此，特朗普认为，要全面改观并非太难，

人们发现它的价值只是时间问题。

1973 年，特朗普在报纸上破产广告一栏中，偶然看到一则启事，说一个叫维克多的人负责出售废弃广场的资产，他于是打电话给维克多，说他想买 60 号街的广场。

广场的事最终虽未落实，但维克多提供了另一个信息：名叫康莫多尔的大饭店由于管理不善，已经破败不堪，多年亏损。但特朗普却看到，成千上万的人每天上下班从这里的地铁站上上下下，绝对是一流的好位置。

特朗普把买饭店的事告诉他父亲，父亲听说儿子要在城中买下那家破饭店，吃惊不小，因为许多精明的房地产商都认为那是笔赔本的买卖。特朗普当然也知道这一点，不过他要了一些高明的手段。他一方面让卖主相信他一定会买，却又迟迟不付订金，他尽量拖延时间，他要说服一个有经验的饭店经营人一道去寻求贷款。他还要争取市政官员破例给他减免全部税务。

一切妥当后，特朗普终于买下了康莫多尔饭店，投资进行装修，并重新命名为海特大饭店。新装修后的饭店富丽堂皇，它的楼面是用华丽的褐色大理石铺就的，用漂亮的黄铜做柱子和栏杆，楼顶建了一个玻璃宫餐厅。它的门廊很有特色，成了人人想参观的地方。海特大饭店于 1980 年 9 月开张，顾客盈门，大获其利，总利润一年超过 3000 万美元，特朗普拥有饭店 50% 的股权。

特朗普没有就此满足，他的目光又落在曼哈顿繁华路段的一座 11 层大楼上。从 1971 年他搬进曼哈顿，并在那儿逛大街起，他就看中了它，那是房地产中一流的位置。如果在这个位置上建一座摩天大楼，它将成为纽约城独一无二的最大不动产。特朗普通过调查，了解到那 11 层大楼属于邦威特商店，但楼下的地皮属于一个名叫杰克的房地产商。特朗普就先去找杰克，杰克是个很精明的人，但他不是纽约人，不知道这块地皮的真正价值，更闹不明白在经济不景气的情况下，仍有人打它的主意。特朗普通过几个回合的艰苦谈判，最终以 2500 万美元买下了 11 层大楼和下面的地皮。

特朗普决定把旧楼拆除，建一座高68层的大厦，命名为特朗普大厦。他费尽周折，得到了市规划委员会的批准。1980年，曼哈顿银行同意为特朗普建造大厦提供贷款。特朗普把整个工程承包给了HRH施工公司，并委派33岁的高级女助手巴巴拉负责监督施工。巴巴拉在翻修康莫多尔饭店时，曾显示出她杰出的才能。

开始旧大楼的爆破工程时，《纽约时报》刊登了炸毁门口雕塑的大幅照片，并发表了许多文章，说特朗普只顾赚钱，不惜毁坏艺术品和文物。尽管艺术和文物管理部门并没有出面干涉，事后特朗普也后悔不该毁了那些雕塑。令人意想不到的是，这场轩然大波却给特朗普出售大楼帮了大忙。特朗普大厦矗立起来了，建造得既富丽堂皇又非常新颖独特，光是门廊中沿东墙下来的瀑布，就有80英尺高，造价200万美元。从第30层到68层是公寓房间，站在屋里就可以看到北面的中央公园，东面的九特河，南面的自由女神像，西面的哈得孙河。大楼独具特色的锯齿形设计，使所有单元住宅的主要房间至少可以看到两面的景色。

毋庸讳言，特朗普大厦是有钱人住的地方，每套单元售价从100万美元到500万美元不等。特朗普大张旗鼓地进行宣传，吸引了许多电影明星和著名人士争相购房。房子还没竣工就卖出了一大半，滚滚钞票进了特朗普的腰包。特朗普大厦共有住宅单元263套，他自己留下10多套不卖，自家住进了最顶层。他们夫妇花了近两年时间改建，特朗普自豪地说，世界上没有任何一套公寓间可以与之比拟。

然而，特朗普并没有就此停步，他又投资度假村、游乐场，成立海湾柑西部娱乐集团等。他的妻子伊瓦娜干得也非常出色，她亲自掌管的特朗普城堡，是大西洋城12家游乐场中收入最多的一家，也是城中最盈利的一家饭店，仅3个月就收入7680万美元。特朗普还生产用他的名字命名的凯迪拉克轿车。这个特朗普闯荡曼哈顿，在短短的十几年里，从一个毛头小伙子成了一个声名远扬的大富豪。

特郎普适时地捕捉商机，为自己崛起于地产业提供了保证。

✦≈ 要善于捕捉商机 ≈✦

兵战要以逸待劳，要能调动敌人而不被敌人调动，对商战来说，这一哲理更是至理名言。你只要看到现实市场，那么竞争对手已先你一步"先处战地"，你即使挤了进去也已经成为"后处战地"，就只能处于被动地位。但如果你能自己去开发潜在市场，就处于"先处战地"的有利地位，就等于抢先捕捉到了商机，就可以先人一步在竞争中大显身手了。

但是，在一般情况下，从表面上来看，市场处处都呈现饱和的情况下，机遇又在何处呢？事实上，"饱和了的市场"此话并不完全正确。应该说，市场的商机时时处处都存在，关键在于企业领导人又没有眼力去捕捉这些商机，有没有才干去抓住这些商机。

例如，经过十多年优胜劣汰的激烈竞争，洗衣机市场早已饱和，许多当年曾生产或转产洗衣机的中小企业，都已被淘汰出局，现在在市场上站住脚的，是实力雄厚而为数不多的几家企业。

但是人们发现，现在的洗衣机市场，春秋和冬季好销，而夏季却相对成了淡季。按理说，夏季经常洗澡，换衣服比秋冬更勤，可是为什么夏季洗衣机反而淡销呢？

现在饱和的洗衣机市场，卖的都是容量大、耗电量高的产品，大都是为一次洗 5 公斤左右的衣物用的。这在秋冬使用，有利于清洗全家的床单、被罩之类大件，而夏天虽天天洗澡，可是换下来的背心之类小件谁会去开洗衣机洗呢？自己顺手搓一下岂不更简单方便？

这就是生活的现实——但厂家并没有去深入研究。

海尔却先人一步抓住了这个商机，开发了容量只有 1.5 公斤方便又省电的小型洗衣机——"小小神童"，推出后立即在市场上畅销，在推出后的 20 个月内，销售了 100 万台，并且经过了 6 次改进。

这类例子绝非绝无仅有。

冰箱行业也有过类似的案例。

冰箱和洗衣机一样，20世纪80年代市场就早已饱和，但对有些顾客来说，仍存在一些不尽如人意的地方。例如一些双职工家庭，两人下班回来都很晚，菜市场已经关门，所以只能在休息日出去采购，但是他们想，要是每天回来都能吃到新鲜蔬菜该有多好！安徽的美菱冰箱厂就抓住了顾客的这种潜在欲望，与农业大学的研究所合作，开发了蔬菜的保鲜技术，推出美菱保鲜冰箱，在饱和的冰箱市场上也打开了一个缺口。

这两个例子说明，在众所周知的饱和市场上同样存在着商机。当然各企业的产业性质不同，产品不同，所处内外环境也不同，所以，不要去照搬别人的成功模式。重要的是这些企业的经营思路，他们不是故步自封，墨守成规，认为"事情只能是这样"，而是反问自己："事情是不是可以不是这样？"从中便会出现新的思路，发现新的机遇。而要能看到这些新的机遇，前提条件是改变你的思想方式，从长期计划体制下形成的只会按上级指令行事到照别人的步子亦步亦趋地模仿，转变到真正独立进行思考，按市场经济的要求去考虑问题、处理问题，这样你就会由原来一叶障目而变得豁然开朗，发现原来机遇就在眼前。

所以说，能根据市场的变化，适时地捕捉商机，就能在竞争中大显身手，取得事业的成功。

竞争智慧

◇善于捕捉商机，才能在竞争中大显身手。

◇市场的商机时时处处都存在，关键在于企业领导人有没有眼力去捕捉这些商机，有没有才干去抓住这些商机。

◇能根据市场的变化，适时地捕捉商机，就能在竞争中大显身手，取得事业的成功。

随时做好准备，不放过任何一个细小的机遇

【聊天实录】

我：孙老先生，您对竞争的时机与机遇有何高见？

孙子：我曾说过：昔之善战者，先为不可胜，以待敌之可胜。

我：您这句话该如何解释呢？

孙子：这句话的意思就是：从前善于用兵打仗的人，先要做到不会被敌人战胜，然后捕捉时机战胜敌人。

我：您的意思是强调注意预测、捕捉等待击败敌人的战机，这个道理对现代创业者来说无疑是金科玉律。只有在随时做好准备，在不断寻觅中把握住机遇才能顺势而为，成就一番大事业。

孙子：是的，随时做好准备，不放过任何一个细小的机遇。

【解读】 ～✦ **周玉凤善于发现机遇** ✦～

一天，台湾天作实业公司的老板周玉凤从报纸上看到了这样的一条消息：西亚的科威特由于国土完全是沙漠，每年都需要进口大量的泥土种植花草树木。这则消息启发了这位颇具商业头脑的周玉凤，她想，进口泥土并不是科威特人的需要之本，因为进口泥土对一个到处都是沙子的国家来说，靠进口泥土根本没有可能改变一个国家无土的状况，科威特人进口泥土是他们的无奈之举。因为他们不能看着自己的国土光秃秃的连棵草都没有，所以周玉凤认定，科威特人所担忧的是他们缺乏花草，花草比泥土更宝贵，他们要泥土的目的不就是要种花草嘛。如果能研制出一种不需要泥土的花草岂不是可以赚大钱？于是，周玉凤请来了专家，自己则投入了资本来研制一种不需要泥土的花草，经过一番努力，果然研制成功

了，这种在别人看来最不值钱的小草，在周王凤手里竟然变成了抢手的商品，成了周玉凤的摇钱树。

周玉凤的天作实业公司研制出来的小草，其实应该称为"植生绿化带"，是一种可以用人工大量生产的标准草皮。它构成的原理是，先用化学纤维与天然纤维制成"无纺布"，然后再把草籽和肥料置放在"无纺布"之间，卷成卷，然后由商店卖出。用户在使用时，只需把这些草卷铺在地上，敷上薄薄的一层泥土或者干草，再洒些水保持湿润，不到一个月的时间，就会长成绿茸茸的小草。

这种"草"由于其适应性强，几乎什么地方都可种植，再加上成本低，成活率很高，所以一上市就受到了用户的欢迎，生意因此也就相当好。

天作实业公司开发成功新产品后，将自己的产品在西亚地区进行了广泛的推广宣传，他们的营销足迹遍及西亚的众多缺土国家。经过营销活动，西亚各国的人都认同了这种"植生绿化带"，因为它不但可以美化环境，而且还具有定沙、固沙、防沙等多种功能，因此，连一些国家的酋长和王子们都深爱这种产品，称其为"台湾创造的现代神毯"。如今，天作实业公司的生意越做越大，不起眼的小草为周玉凤带来了滚滚而来的财富。

其实，天作实业公司研究的这种"植生绿化带"并不是它们首创的产品，首先研究和开发"植生绿化带"是日本的企业特长。但是，由于日本的研究者在化纤成分的搭配上不得当，他们开发的"植生绿化带"中天然纤维所占的比例只占20%，过小的比例使得草籽及容易被水冲走。这样，他们的草成活率就比较低，产品也较难推广。而天作实业公司却针对日本公司产品的缺点进行了改良，使天然纤维的比例由过去的20%提高到了现在的50%。这样一来，不但克服了日本同类产品的弱点，而且也使产品的质量得到了极大的提高，因而取得了巨大的成功。

其实，周玉凤的成功并非像她的"现代神毯"那样神秘，其成功的关键是她发现了别人没有发现的商机。周玉凤以敏锐的市场嗅觉和极高的悟性捕捉到了一个潜在的巨大市场和赚取利润的机会，因而使她的天作实业公司一步一步地发展壮大了起来，她成功的原因就如此简单。

从周玉凤和天作实业公司成功的事例中，我们可以看出，随时做好准备，不放过任何一个细小的机遇是多么的重要。

不要放过任何一个细小的机遇

实际上，商机是无处不在的，关键就看你是否有一双善于发现机遇的眼睛。战争如此，经济发展如此，人生亦如此。在人生旅途上，几乎人人都会遇到"良机"，聪明的人往往能抓住它，不会任由它从身边溜走。在生活中，只要你仔细留心身边的每一件事，每一件小事当中都可能蕴藏着相当的机会，成大事的人绝不会放过每一件小事。他们对什么事情都极其敏感，能够从许多平凡的生活事件中发现很多成功的机遇。为什么总有人说，好运气总是擦肩而过，而另外的少数人却可以及时发现机遇，并牢牢把握住，差异就在于当机遇来临时，是否善于发现，善于把握。

许多著名的事业家和企业家都是由于随时做好准备，善于发现细小机遇而成功的，美籍华人杨志远就是一个善于发现时机的人。杨志远有一句名言"在恰当的时候干恰当的事"，这同孙子所讲的"巧用时机"十分相似，他自己的成功正是靠这样的努力实现的。1994 年前后，杨志远和大卫·菲勒两人在斯坦福租了一间简易的活动房，开始沉湎于因特网的研究，不久之后，他们设计出一套程序，将自认为有用的信息合而为一，并做分门别类的处理，供人们查找。杨志远给这套程序起了一个特别的名称叫"雅虎"，这套程序的发明，立刻在网民里引起轰动，访问的网友络绎不绝。到 1994 年秋，雅虎的用户突破了 100 万大关。英国的路透社用重金购买了进入雅虎信息库的通行证，使杨志远看到了将网上影响转化为财富的途径。

　　紧接着，杨志远对自己的这项设计做了改进，使雅虎搜索引擎操作变得格外简单、迅速、准确，并且，随着雅虎影响的进一步扩大，它还提供免费电子邮件传递、网上交谈和留言等服务，这样一来，认同雅虎的人越来越多。据美国权威机构统计，雅虎目录已成为全球最大的搜索引擎站点，它的主页平均每月有 1700 万~2600 万的上网者浏览。1999 年，雅虎公司的股票攀升了 38%，公司赢利超过前年的 70%，这家公司在无意中被送上了 10 亿美元富翁的宝座。美国《福布斯》公布的 1999 年美国富豪排行榜显示，其财富在全球信息资讯中居第 16 位，而 29 岁的杨志远又是所排名次里最年轻的一位。他自己总结认为，他的成功在于：在恰当的时候干了恰当的事，这也表达了杨志远随时做好准备，把握住了好的时机。

　　世上的万事万物在其发展过程中总会显露出一些能决定未来的玄机，对于创业者来说，如果能够把握住这种玄机，那么就意味着创业者就可以把握住未来，把握住了未来，也就是把握住了成功。创业者如何才能把握住事物发展中的玄机呢？这就需要创业者要对所有事物，特别是与自己关系密切的事物保持一种高度灵敏的触觉，这种触觉也就是一个人的悟性，如果有了这种触觉和悟性就很容易把握住事物发展的玄机。所以，对于创业者来说，在创业的时候一定要培养自己灵敏的触觉，一定要把自己的悟性培养出来，这样在机会来到的时候，你就能够顺势而为，轰轰烈烈地大干一场。

　　所谓机会也就是那种可遇不可求的好时机，它的来到就如同一列快速奔驰的列车一样，而每一个想要登上这列快车的人，根本不可能在它到来时再忙脚乱地去抓它，到那时你想抓住它就很困难了。你想登上它，就得提前做好准备。比如说你的精神首先要高度集中，以便能随时随地在它来临的时候有迅速登上它的思想准备；其次，你还得事先活动活动筋骨，以保证在它来到时你能够四肢敏捷地一跃而起登上它。我们所说的那种悟性也就相当于你在登车前做的那些从精神到身体的准备活动，所以你一定要在创业之时就把它培养好。如果没有培养好，那你就得抓紧时间，在此方面狠下功夫，早日将悟性修炼成，以便你能够登上下一趟机会的快车。

那么怎样才能使自己培养出把握机会的触觉和悟性呢？其实，没有什么金科玉律，关键就在于你：随时做好准备，不放过任何一个细小的机遇。因为人生的机会可能会以多种方式降临我们面前，只要处处留心，随时都可能发现机遇。但是，要想抓住机遇，就需要在平时养成留心身边事的习惯，全身心地准备着去迎接、去拥抱每一次光顾自己的幸运之神。

竞争智慧

◇随时做好准备，不放过任何一个细小的机遇。

◇商机是无处不在的，关键就看你是否有一双善于发现机遇的眼睛。

◇对于创业者来说，在创业的时候一定要培养自己灵敏的触觉，一定要把自己的悟性培养出来，这样在机会来到的时候，你就能够顺势而为，轰轰烈烈地大干一场。

优柔寡断，必将丧失良机

【聊天实录】

我：孙老先生，您对竞争的时机与机遇有何高见？

孙子：我曾说过：故兵贵胜，不贵久。

我：您这句话该如何解释呢？

孙子：这句话的意思就是：用兵作战贵在神速不宜久拖。

我：您的意思是说战争久拖不决，必然会引起人力、物力和财力的大量消耗，由此而引发的矛盾势必更加尖锐。那么，在商场上，企业经营者针对各种现实情况，及时做出反应，尽快拿出适销对路的产品，并迅速投放市场，必将使企业迎来一个个新的高潮。否则，优柔寡断，贻误时机，终将失败。

孙子：是的，优柔寡断，必将丧失良机。

【解读】　李文正当机立断创造辉煌

曾几何时，李文正仅凭手中的 2000 美元，开始了艰难的创业。后来，他在印尼成为仅次于林绍良的华裔金融巨子，被人们誉为"印尼钱王"。1983 年，他被著名的《亚洲金融》杂志评选为当年"最杰出的银行家"。他创办的力宝集团是印尼最大的金融机构之一，该集团的资产总值达 30 亿美元，私人资产至少也达到 12 亿美元。从 2000 美元到十几亿美元，这无疑是一个奇迹。

1929 年，李文正出生于印度尼西亚东爪哇的玛琅镇，祖籍是中国福建的莆田，中学时期，他担任东爪哇华侨学校学生会主席，因组织学生参加反抗荷兰殖民者的斗争，并帮助开展宣传及运送药物，被荷兰殖民地政府逮捕入狱。1947 年被驱逐出境后，他返回故乡，考入南京的中央大学哲学系。1949 年他来到香港，20 世纪 50 年代初，随着印尼形势渐趋稳定，李文正又重返印度尼西亚，定居雅加达。

他历经沧桑磨难，却有一个信念始终坚定如一，那就是想当银行家。李文正成家后，离开了父亲到岳父家开设的百货店中工作，随后他又找到了一份船务代理的工作，干了几年业绩平平，但为个人积蓄了 2000 美元。

2000 美元对于当时的印尼人来说可不是个小数目，李文正有钱的消息，一传十，十传百，不知怎的，他那 2000 美元积蓄竟被人误传成了 20 万美元，这个

误传，在无形中提供给李文正实现童年梦想的机会。

1960 年，因营运不佳而濒临倒闭的基麦克默朗银行的经理皮拉马·沙里，受到误传的影响，请求李文正投资 20 万美元，拯救这家银行。李文正腰包里只有 2000 美元，但他当机立断，大胆地接受挑战，答应筹措这笔资金。李文正抓住了这个机遇，抓住了事业成功与发展的脉搏。

但是，到哪里筹集 20 万美元的巨款呢？李文正想到了与他交往密切的福建同乡们。这些同乡在雅加达自行车制造与修理业中，占据垄断地位。李文正利用这层关系，及时筹集到了这笔资金，这使他不仅可以优先认购这家银行 20% 股权，而且还在该行任职。从此，他踏入了朝思暮想的金融殿堂。

最初，他甚至连资产负债表的左边一栏与右边一栏有什么不同也分不清，但他不懂就问，虚心请教。不久他便令人信服地进入基麦克默朗银行的董事会，随后又坐上第一把交椅。

他凭借自己的直觉以及做小买卖的经验断定，要使基麦克默朗银行起死回生，必须打入其他银行还没有想到的市场。他相中了雅加达庞大的自行车业这块未开垦的处女地，他以投资人的身份进入自行车业，争取到了大量客户。

"在我看来，银行业不是一种买卖货币的事业，而是买卖信用，由某人某处获得信用之后，再授予其他人。"在雅加达一家华人餐厅，他在基麦克默朗银行第一次投资者会上，用自己的语言给银行的定义做了确切的解释。说到做到，他从不拖延，哪怕是借债也要给客户如期兑现，从而渐渐建立起基麦克默朗银行的信誉，影响也越来越大。"栽培客户，就是壮大自己。"这是经营银行的信条，也是他事业成功的秘诀。经过 3 年的奋斗，这家银行终于扭亏为盈，并获得巨额利润，走上了兴隆之路。

首战告捷，李文正令银行圈内人士刮目相看。

1963—1971 年，他先后将岌岌可危的印尼宇宙银行和繁荣银行救活，然后以这两家银行为基础，与亲友合资购并了工商银行、泗水银行，组合成泛印度尼

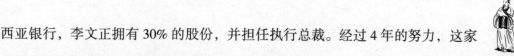

西亚银行，李文正拥有 30% 的股份，并担任执行总裁。经过 4 年的努力，这家银行发展成印尼最大的民营银行，资金达 376 亿印尼盾。

就像魔术师一样，李文正将一家家濒临倒闭的银行理顺、搞活，并滚动式发展，他由此而被新闻界和银行界誉为"医治银行的专家"。

1975 年，李文正由于与部分股东不和而辞去泛印度尼西亚银行执行总裁的职务。此前，他在金融事业上的出色表现，早已引起他的同乡——印尼首富林绍良的注意。他刚一辞职，林绍良便邀他出任中央亚细亚银行董事及总经理，李文正爽快地接受邀请，入主中央亚细亚银行。

他的聪明才智和大胆决策而又稳扎稳打的经营作风在这里得到了充分的发挥，仅仅 3 年，中央亚细亚银行就成为印度尼西亚最大的私营银行。到 1983 年，中央亚细亚银行的资产总额比原来增加 332 倍，存款额增长 1253 倍；在全印尼设有 32 处分行，遍布印尼各大城市，形成全国最大的私人银行网；分别在香港、澳门、台北地区和新加坡以及美国的加州、纽约州、阿肯色州设立了分支机构，中央亚细亚银行已成了举世公认的东南亚最大的银行。

他又在策划自己的海外扩张计划。

李文正首先把业务扩张到日本、美国等国和香港等地。在香港，他创立了斯蒂芬财务公司，该公司拥有美国第六大投资银行，并附设有两家大财务机构，其中一家在雅加达，由斯蒂芬财务公司与印度尼西亚商业银行各投资 50%。通过斯蒂芬财务公司，李文正还取得了香港一家华人银行的一半股权。在美国，他还购买了亚特兰大银行 30% 的股权。美国旧金山的希伯尼亚银行虽然是林绍良旗下的公司，但李文正是管理这家银行的委员会主席，在经济上有直接联系和利益关系。20 世纪 80 年代初期，印尼的胶合板及圆木大量销往美国，贸易额一年达 40 亿美元，其中李文正占四分之一，成了在伐木业和木材对美贸易中大获其利的银行家。

几年后，李文正与林绍良再度合作，携手创立了力宝集团公司，主要进行国际贸易。该集团由李文正任董事长，除他和林绍良是大股东外，印尼总统苏哈托

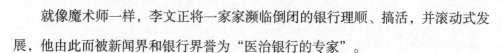

第一章 孙子与我聊竞争的时机与机遇

43

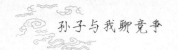

的长子和长女也各拥有 16% 的股权。

李文正以其睿智，能够当机立断，赢得了美誉。

做事莫要优柔寡断

用兵作战时，一旦有了最佳时机，只有发兵神速，速战速决，才能够攻敌不备，打得敌人措手不及，这样就能解决军需物资不足的问题。如果发现战机却犹豫不决，敌人就要先发制我；我虽然先发制敌，但行动不快，敌人就会收到消息。难得到的是时间，容易失去的是机会。所以，行动一定要迅速，捕捉战机一定要准确。需要速战速决时，就要以迅雷不及掩耳之势，压倒敌人，夺取胜利。

那么，在商战中，怎样做才能不丧失良机呢？

首先，要抓住目标，并力而行。在企业经营和管理中，看好了的事一定要尽力去干，就像丰田喜一郎的一句名言一样："事情一旦决定下来，就要一泻千里地干下去。"

其次，要选好突破口，把自己的优势集中在一个方向，在现代企业中，不同的企业有不同的特点，其主攻方向也是不一样的。

可见，在经济活动中，优柔寡断，必将丧失商机，当机立断，就能创历史巨篇。

竞 争 智 慧

◇优柔寡断，必将丧失良机。

◇在商场上，企业经营者针对各种现实情况，及时做出反应，尽快拿出适销对路的产品，并迅速投放市场，必将使企业迎来一个个新的高潮。

◇事情一旦决定下来，就要一泻千里地干下去。

机遇与挑战共存，要善于权衡利弊

【聊天实录】

我：孙老先生，您对竞争的时机与机遇有何高见？

孙子：我曾说过：是故智者之虑，必杂于利害。杂于利而务可信也，杂于害而患可解也。

我：您这句话该如何解释呢？

孙子：这句话的意思就是：所以，聪明的将帅考虑问题，必须充分兼顾利害的两个方面。在不利的情况下要看到有利的条件，事情便可顺利进行；在顺利情况下要看到不利的因素，祸患就能预先排除。

我：您的意思是说，无论做什么事情都要随时从利害两个方面考虑问题。只见利不见害，就会麻痹大意，轻举妄动；只见害不见利，就会丧失信心，消极气馁。所以，应该临利思害，临害思利，以此来指导战争，趋利避害。聪明的人考虑问题，总是兼顾事物的利害两个方面。遇到害，就会想到其中的利，往最好处努力，这样，事情才可能继续见到利；又要研究其中所含的害，从最坏处着想，这样，隐患才可能消除。在现代社会中，机遇与挑战同在，风险与利润共存。只有具备冷静头脑、敏锐目光的人，分析出机遇带来的利与弊，分清自己有利与不利的因素，才能把握机遇，不让它与自己擦肩而过。

孙子：是的，机遇与挑战并存，要善于权衡利弊。

【解读】　柯达公司没有权衡好利与害

美国柯达胶卷公司是世界公认的摄影器材的王国，在世界占有霸主的地位，垄断了美国的胶卷市场。当美国洛杉矶要举办第 23 届奥运会时，组委会请柯达公司出资 4000 万美元买取广告宣传权。柯达公司认为自己是世界公认的名牌，搞不搞广告宣传对它无多大益处，因此不想花这笔钱。精明的日本富士公司早就想打入美国市场，看到这个机会，马上就乘虚而入，以高出柯达两倍多的价格购买了广告宣传权。结果，柯达公司多年来在胶卷市场的霸主地位被富士公司取代，美国的摄影器材市场很快被日本占据。柯达公司一念之差，见利而没有见到害，从此一蹶不振，落后于富士，实在是得不偿失。这一事件告诉我们：做事，一定要看清它的利与害。

这也正如我们经常说，在深化改革中，挑战与机遇并存。可是从计划经济中走过来的人们，习惯于一切都安排好了再干，否则就觉得困难重重，一筹莫展，只感到外来的挑战越来越严峻，企业的压力越来越大。其实，只要你权衡好利弊，机遇也是挑战，挑战也是机遇，就看自己是如何把握与权衡了。

要善于权衡利弊

在一般的情况下，利害总是共存的，在许多情况下，利与害可以互相转化，害可以转化为利，利也可能转化为害，关键在于领导者怎样来指挥。在商业活动中，利害并存与转化也正是这样。利与害同存于一事物中，而且有时利与害的关系非常难以分辨。在企业管理和经营中，要靠实际的管理经验来做到这些事情。

韩国著名的企业家金宇中被公认为韩国企业界的"出口大王"，他所领导的大宇集团是享誉世界的知名企业，大宇生产的各种产品也随着大宇集团的声名远播而遍布世界各地。

20 世纪 70 年代以来，美国与亚洲新兴的工业化国家之间的贸易摩擦越来越剧烈，美国从维护本国的利益出发，逐渐倾向于采取贸易保护主义政策。

当时金宇中开拓美国纺织品市场的努力刚刚有了起色，他先与生产缫丝的日本三菱会社签订了独家销售合约，把三菱会社生产的丝料运回韩国加工成布料，并委托釜山制衣厂把布料做成衬衣，然后全部运往美国销售。由于这种极细的缫丝箔制成的衬衣质地柔和，触感很好，因此在美国一上市便大受欢迎，很快风行全美。3 年之内，大宇集团仅此一项业务就获利润 1800 万美元。

1974 年，韩国企业界盛传美国即将对纺织品的进口实行配额限制，在此种形势下，绝大多数纺织品出口商都开始压缩纺织品输美规模，转而将焦点放在开拓新的国际市场上。然而，金宇中并没有像其他纺织品出口商那样亦步亦趋地压缩输美规模，相反，他采取了一个果敢的行动，实行公司总动员，充分利用年底余下不多的时间，全力扩大公司纺织品的输出数量。

此举获得成功。1974 年大宇集团纺织品输美的规模一跃而居于韩国、日本，及中国台湾、香港东亚地区的企业榜首，金宇中也因此被誉为美国配额制度造就的唯一胜利者。

金宇中的超人胆识，来自于他超人的眼力，他很清楚地知道，美国对外国公司进口配额制度的制定，必须参考前一年的输美业绩，如果前一年的进口数量大，那么后一年给的配额数量就多，所以在其他出口商纷纷压缩出口规模的情况下，大宇集团生产的纺织品能在美国市场上独领风骚。

"好风凭借力"，金宇中趁着大宇集团生产的衬衣风行美国的有利时机，说服了在美国拥有 900 家连锁店的施伯公司接受大宇集团的试销计划，把公司生产的全部产品纳入了施伯公司的销售网，从而成功开创了韩国出口公司直接与美国大公司开展业务的先例，打破了长期以来韩国出口商必须通过日本大商社的中介并由美国 B 级以下进口商销售的惯例。

从此以后，大宇集团的事业蓬勃发展，到 1981 年为止，大宇集团的外汇贸易额超过 15 亿美元，这在韩国企业中是独一无二的。

美方限制进口配额，对于每一个出口至美的销售商都是一次挑战，面对众多同行纷纷压缩出口的现实，大宇公司独具慧眼，善于权衡利弊，及时调整了出口政策，从而扩大了出口规模，赢得了成功。

由此可见，利中有害，害中有利。智者要害中见利，利中见害，透过现象看本质，要考虑利和害孰大。无论干什么事情，都必须从客观实际出发，实事求是。为此，在商战中，要知道，利与害不仅互相掺杂，而且往往互相转化，而转化是要有适当条件。正如机遇与挑战共存一样，只要权衡好利弊，就可以在商战中游刃有余。

竞争智慧

◇机遇与挑战共存，要善于权衡利弊。

◇在一般的情况下，利害总是共存的，在许多情况下，利与害可以互相转化，害可以转化为利，利也可能转化为害，关键在于领导者怎样来指挥。

◇无论干什么事情，都必须从客观实际出发，实事求是。

兵贵神速，要以快制胜

【聊天实录】

我：孙老先生，您对竞争的时机与机遇有何高见？

孙子：我曾说过：兵之情主速，乘人之不及，由不虞之道，攻其所不戒也。

我：您这句话该如何解释呢？

孙子：这句话的意思就是：用兵之理，贵在神速，乘敌人措手不及的时机，走敌人意料不到的道路，攻击敌人没有戒备的地方。

我：您的意思是说在战场上，出兵贵在神速。就是说，要趁着敌人措手不及的时机，走敌人意料不到的道路，攻击敌人没有戒备的地方。对当今商场而言，要想在激烈的竞争中脱颖而出，就必须以"快"制胜。

孙子：是的，兵贵神速，要以快制胜。

【解读】 　　✦ "健力宝"出手迅捷 ✦

1984 年，后来成为健力宝公司总经理的李经纬从表弟那里得到一个信息：广东省体育科学研究所受国家体委委托，试制一种含碱性电解质的保健饮料，已经搞出了配方，但由于有风险，目前还没有一家饮料厂愿意投产。多年的关注和对本行的熟悉，使他认识到这是一次难得的机会。如何消除运动疲劳，一直是国际体育、食品科技工作者研究的课题，这种饮料属于汽水、可乐、乳酸饮料、果汁之后的第五代，最具时代感和市场潜力。而含碱性电解质的饮料，恰恰具有补充体内能量、迅速消除疲劳、恢复体力、调节酸碱平衡的作用，是国内的一项空白。这个产品研制成功，对他的酒厂及中国饮料业与体育事业会有重大贡献！

"健力宝"

又是一次偶然的机会，李经纬得知业足联代表大会将于 4 月 7 日在广州的白天鹅宾馆召开，于是"异想天开"地想请亚足联官员们尝尝还未真正面世的健力宝饮料。但是，当时距会议召开还不到 10 天。

10 天，不要说饮料装罐的问题尚未解决，在当时的中国，各种繁杂的手续就够几个人跑了。李经纬深谙"时间就是金钱"、"时间就是胜利"的道理，他带领几名助手赶到深圳，用有限的外汇从香港买入了一批空易拉罐，又请深圳百事可乐的工人利用下班的空隙将随身带去的健力宝原料迅速装罐，终于抢在亚足联会议开会前把 100 箱装潢精美的易拉罐健力宝送到了会议桌上。健力宝饮料受到了与会国际友人的好评，也伴随这些国际友人的足迹走出了国门。

仅仅过了 3 个月，李经纬又用同样方法把 3 万箱罐装健力宝送入了第 23 届洛杉矶奥运会的奥林匹克村。

时逢中美女排冠亚军争夺战，一位细心的日本记者发现：每当暂停的时候，中国女排队员喝的不是可口可乐，而是"健力宝"——记者灵机一动，当即向"东京新闻社"发出一条独家新闻："中国靠'魔水'加快出击。"这位记者在文章中凭直觉写道："中国队加快出击的背后有一种'魔水'在起作用，喝上一口这种'魔水'马上就感觉精力充沛。这是一种新型饮料，很可能在运动饮料方面引起一场革命……"

几乎与此同时，在美国俄勒冈州尤金市举行的奥林匹克科学大会上，中国科学家面对 50 多个国家和地区的科学家，朗声宣读了"吸氧配合口服电解饮料健力宝，消除运动性疲劳"的学术论文。

"健力宝"出手迅捷，终于冲出了国门，为世人所瞩目。可见，出手迅捷，是企业制胜的法宝之一。

做事要以快制胜

兵胜无二法，唯快而已。孙子十分强调用兵之速，这是由很多方面的原因造成的，在战争中，出兵作战，国家的经济负担很重，时间拖得太久对双方都是不利的。古今中外，战役和战斗中，都是争求一"快"字，即使在战略上，进攻一方也是极力求速的。

美国石油大王哈默曾于 20 世纪初期在苏联从事租赁业务，在准备回国时，他意外发现了一个现象。一支铅笔在美国只卖两三美分，而在苏联却卖到了二十几美分，而且是供不应求。原因是当时的苏联正搞"扫盲"，需要大量的铅笔，哈默日夜兼程赶到美国后马上就开始建制造铅笔的工厂，年产达到了一亿多支，不久就赚了几百万美元。

"兵之情主速，乘人之不及，由不虞之道，攻其所不戒也。"这就是俗话所说的"兵贵神速"。在战争中快速突袭，走敌人意想不到的道路，乘敌人还没有进行防备，就发起攻击，打他个措手不及，往往能克敌制胜，取得重大的战果。在商业竞争中同样可以按照《孙子兵法》"兵之情主速"的思想快速行动：一旦发现新的技术就要抢先研究，快速开发出新的产品，在对手还没有注意的情况下抢先投放市场；政府一旦公布新的政策，市场有一种新的需求，就要迅速转产新的产品，趁对手还没有反应过来的时候抢先供应消费者。商业竞争中的快速动作，往往能够独占市场，取得巨大的经济效益。

日本的一些企业家们都是速度的高手，他们采取最为擅长的"拿过来"的方式，迅速占领了世界的市场。在日本著名的索尼公司，他们的目标就是领先世界的潮流。有一次，他们在日本发现了一款美国录音机，便立即买下了它的专利，并很快地生产并投放到了市场，取得了很好的经济效应。这样的事例在日本举不胜举，日本的经济高速的发展，确实是离不开它的一个"快"字。

"兵贵胜，不贵久"的谋略思想在现代企业市场竞争中的影响尤其深远，抓住商机，提高效率，用高速度击败竞争对手是企业经营中的一个制胜法宝。也就是说，在快节奏的现代生活中，无论是新技术新产品的开发、引进、推销，还是向客户提供各方面的服务，谁抢先一步，谁就会胜利，反之，则被淘汰。

所以说，很多时候，速度就是效率，抓住了时间就能抓住战机，就能尽快速战速决，歼敌制胜。现代商场如战场，想取得最大的胜利，就要求"快"字当先。因为时间就是金钱，速度就是效益，这是被现代企业所认同的。一旦看准了行情，就要雷厉风行采取行动。

竞争智慧

◇兵贵神速，要以快制胜。

◇兵胜无二法，唯快而已。

◇抓住商机，提高效率，用高速度击败竞争对手是企业经营中的一个制胜法宝。

顺从敌意，把握最佳时机才能取胜

【聊天实录】

我：孙老先生，您对竞争竞争的时机与机遇有何高见？

孙子：我曾说过：故为兵之事，在于顺详敌之意，并敌一向，千里杀将，是谓巧能成事也。

我：您这句话该如何解释呢？

孙子：这句话的意思就是：所以，指导战争的关键，在于假装顺从敌人，暗中仔细地观察敌人的战略意图，然后集中兵力攻击要害，便可以长驱千里，斩杀敌将，这就是所谓巧妙用兵，实现克敌制胜的目的。

我：您的意思是说，战争情况是复杂多变的，行动计划也应当有张有弛。当形势有不宜进行立即决战时，可以假装顺从敌人意图，拖延时间，等待机会。一旦有机可乘，便集中兵力指向敌人一处，长驱千里，这就是所谓巧妙用兵能成大事的意思。那么，在商战中也是如此，当与竞争对手激烈争斗时，不妨假装顺从对手的意思，假装退出，等找到最佳时机时，再一举将对手打败。

孙子：是的，顺从敌意，把握最佳时机才能取胜。

【解读】　美国顺从敌意得到阿拉斯加州

美国人得到阿拉斯加州也是抓住了难得的好机遇。阿拉斯加州是美国的第49州，它是美国政府用720万美元从俄国人手中买来的。阿拉斯加州位于北美洲的西北角，东临加拿大，西连白令海峡，南面是太平洋，北面是北冰洋。19世纪20年代，美国人大肆鼓吹"美洲是美洲人的美洲"，俄国人成了美洲人的眼中钉。此后，俄国人又在克里米亚战争中败北，在这种背景下，俄国人决心卖掉这块毫无价值的冰雪之地，经过多次秘密接触后，最后以720万美元达成协议。许多议员对购买这样一块"贫瘠"的土地大放厥词，但是负责谈判的西沃德却认为，美国应该把目光放远一些，不要错过上帝赐予的这一良机，如果让俄国人把它卖给其他国家，我们会后悔莫及的。西沃德的远见卓识不仅为美国增加了一个冰雪之州，更为美国创造了数不尽的财富，到了20世纪，在阿拉斯加州又发现了北美洲最大的油田，其产量在今天仍占美国全国石油产量的七分之一。

面对经济全球化浪潮，任何国家都无法回避与反抗，唯一正确的选择是抓住机遇，迎接挑战。我们国家在经济全球化形势下经济面临着重要的机遇，中国是世界上第六大经济体，自1978年以来，中国经济年均增长9.4%，中国已成为世界第四大贸易国，仅次于德国、美国和日本，成为亚洲最大进口市场。同时，中国愈益成为世界各国理想的投资场所，随着经济持续增长，现在中国已成为仅次于美国的世界第二大外商投资国，会给经济发展带来很多商机，怎样把握好机会

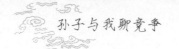

也是一个大问题。

顺从敌意，把握最佳时机

孙子强调作战中的关键是要抓住时机、抓住机遇，从而集中兵力，乘虚而入，赢得胜利。这句话的意思就是说，用兵作战，在于假装顺从敌人意图，一旦有机可乘，便集中兵力指向敌人一处，长驱千里，这就是所谓巧妙用兵能成大事的意思。战场是力量的较量，俗话说"机不可失，时不再来"，作战要善于利用特定的天时、地利等条件，把握时机特别重要。机遇被比喻成兵家的"衢地险关"，要使自己事半功倍，关键在于掌握时机。

机遇是每个人事业发展的关键环节，人们常说"识时务者为俊杰"。认清时势，甚至顺从敌意，然后再把握住最佳机会，才能使自己获得成功。经营活动充满了各种风险，甚至有时会陷入绝境。有的企业在绝境中破产了、垮台了，而有的企业却在绝境中显出新的生机。破产的，一定是没有找到新的生路，甚至根本没有寻求生路，听天由命；而成功的，一定是不为眼前困难吓倒，在绝境中冷静地寻找新的生路，顺应事物发展规律，适应市场需求，确定新的发展战略。

在激烈的商战中，企业管理者如果能够审时度势，假装顺从敌人，然后再把握住最佳时机，才能全力取胜。

竞争智慧

◇顺从敌意，把握最佳时机才能取胜。

◇机不可失，时不再来。

◇用兵作战，在于假装顺从敌人意图，一旦有机可乘，便集中兵力指向敌人一处，长驱千里，这就是所谓巧妙用兵能成大事的意思。

第二章

孙子与我聊竞争要以智取胜

　　孙子曰：上兵伐谋。是的，用兵的上策正是以智谋克敌制胜。其实，这一点用在商战中也是如此。因为现代企业之间的竞争，从表面上看是经济实力的竞争，也就是说看资金雄厚、设备先进等等。但如果从深层次来说，这种竞争实际上是经营谋略的竞争，是经营智慧的较量。只有企业管理者的谋略比竞争对手高明，智慧也比对方高超，才能取得最终的胜利。

乘虚而入，攻其不备可以反败为胜

【聊天实录】

我：孙老先生，您对竞争要以智取胜有何高见？

孙子：我曾说过：攻而必取者，攻其所不守也。

我：您这句话该如何解释呢？

孙子：这句话的意思就是：进攻而必定能取胜，是因为进攻的是敌人不曾防御的地点。

我：您的意思是说，在战场上可以乘人之危而进兵。在严酷的战争中，没有什么人道可言。敌人虎视眈眈，时刻都在打我们的注意，而这时候，往往一点小问题的出现，就是被人进攻的时刻。在市场竞争中，趁竞争对手空虚没有什么准备之时，对他进行攻击是一种非常有效的策略。

孙子：是的，乘虚而入，攻其不备可以反败为胜。

【解读】 ～～ **百事可乐善于"乘虚而入，攻其不备"** ～～

1985 年，百事可乐通过各种渠道探听到可口可乐准备于诞辰 99 周年之际推出一种新配方，这种新配方很可能极大地打击百事可乐的市场，为此，百事可乐的高层管理者忧心忡忡，怎样对待可口可乐这一咄咄逼人的进攻呢？

就在可口可乐准备正式向新闻界宣布将改换产品配方前几天，百事可乐的广告策划者们使用"攻其不备"的战术，想到了一个仍然使百事可乐处于主动的广告方案，那就是宣布可口可乐推出一项新产品正是表明了它的失败，世界上最著名的产品正在从货架上消失，他们正准备从可口可乐之战中撤出。

循着这一思路，策划者们想在可口可乐召开新闻发布会的当天在报上登广告说："可口可乐公司正从货架上收回其低劣产品。"如果可口可乐在新闻发布会上没有更换配方，则可用另一份广告向读者致歉：对不起，可口可乐公司并未从货架上收回其低劣产品。

但这一广告恶意攻击的意味太浓了，百事的总裁恩里科说："我们希望给对手沉重的打击，但不能让人们觉得我们是恶意的攻击。"

于是百事的广告策划者们又想出一个"项庄舞剑"的广告，那就是以百事可乐总裁的名义在报纸上公开一封信：

致百事可乐公司所有工厂主和雇员：

我非常高兴地向大家致以衷心的祝贺。在过去的时间里，我们和可口可乐公司一直互相对峙，我们一直以它们为奋斗目标。

可口可乐公司正在从市场上撤回其产品，并改变了可口可乐配方，使其更"类似百事可乐"。里普利（前可口可乐总裁罗伯特·伍德拉夫的爱称——译者注）的离去显得太不利了，他要在的话一定不会让可口可乐这么做的。

毋庸置疑，正是因为百事可乐长期以来在市场销售上所取得的成功，才使对方做出了这个决定。

众所周知，当一样东西还是很好的时候，它是不需要改变的。也许他们终于认识到这一点：百事可乐比可口可乐好喝，而我们中的大多数人早在几年前就已看出了这一点。

当然，处于困境中的人往往孤注一掷……我们必须注视他们的举动。

致以最良好的祝愿！

美国百事可乐公司总裁兼主管罗杰·恩里科

策划者们觉得这封信还不够厉害，缺乏一个高潮，于是又在信的末尾加上一段：

事到如今，我可以说胜利是醉人的，我们终于可以庆贺了。我向大家宣告，星期五全公司放假1天。

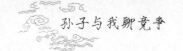

让我们纵情庆贺吧！

当然，百事公司在欢呼雀跃的同时，并没有放松进攻，在可口可乐新闻招待会前一天晚上，恩里科出现在哥伦比亚公司的电视采访节目上。

记者问道："您能否确切地告诉我，您是如何看待可口可乐的新动作的？"

"百事可乐和可口可乐已互相对峙了87年。"恩里科回答道，"而如今在我看来，就像另外的人在虎视眈眈！"言下之意，可口可乐成为一个新生的挑战者。

可口可乐在新闻发布会上果断发布了更换产品配方的新闻，然而在发布会所在地旁边的马戏场上，百事可乐策划的一个公关活动也在举行，一个小型百事可乐机器人进行操作演示，并免费为观看者提供百事可乐。刚从可口可乐新闻发布会上出来的记者对此感到很新鲜，他们在这一针锋相对的公关活动中听到的是"可口可乐终于认输了"，"它们不再具有竞争力了"。

从百事可乐的广告攻势看，一直同巴顿将军一样"进攻、进攻再进攻"一样，保持着咄咄逼人的进攻优势。同时这一攻势集中而明确，都围绕着"新的一代"而展开，从而使广告的进攻具备极大的杀伤力。

相比之下，可口可乐的广告主题就显得疲软无力，应接不暇。在早期，如1922年的"口渴不分季节"，1929年的"停下来喝一口，精神百倍"都是佳作。但对百事可乐伸过来的拳头，仍用"喝可口可乐，万事如意"便防守不住了。

面对充满冒险和想象的百事可乐广告的进攻，可口可乐节节败退，第二次世界大战结束时，可口可乐与百事可乐市场销售额之比是3.4∶1，到1960年变成了2.5∶1，而到了1985年，这一比例为成1.15∶1，1993年，《幸福》杂志根据销售额排列的美国最大500家工业公司名单中，百事可乐以220.84亿美元高居第15位，而可口可乐仅为132.38亿美元，远远落到了第34位。

由此不难看出，商战中，"攻其不备"战术的运用是多么的重要。

乘虚而入，攻其不备

孙子认为进攻就应该乘虚而入，出敌不意，攻其不备。在商战中，有时候用用孙子的这种手法，攻击敌人的软肋，往往能够取到反败为胜的效果。是的，这在市场竞争中也是同样的道理，趁竞争对手空虚没有什么准备之时，对他进行攻击是一种非常有效的谋略。

有一家地毯厂早就想把地毯打进德国的市场，但一直没有成功，德国的地毯市场主要由著名的地毯生产国伊朗占领。20世纪80年代，伊朗与伊拉克发生了激烈的"两伊战争"，伊朗不少织毯工人都去了前线，生产、运输受到了很大的影响，影响了地毯的出口数量。于是，这家地毯厂抓住时机，生产了仿伊朗的地毯，并不失时机地打进了德国的市场。

有时乘虚而入，乘市场空白时进入也会取得成功。美国福特公司多少年来一直想称霸世界豪华轿车市场，但是未能如愿。英国美洲虎汽车公司在研制开发新型高档车方面有独特的优势，这是福特汽车公司所不及的。1988年美洲虎公司劳资关系恶化，生产成本上升，利润大减。11月1日，英国贸工部突然宣布放弃在该公司的决定性股份——黄金股份。福特汽车公司抓住这一天赐良机，"趁火打劫，乱而取之"，过了一天之后就宣布以数十亿英镑的价格收购了美洲虎汽车公司，一举实现了它多年的梦想。

举世闻名的希腊船王奥纳西斯，在20世纪30年代的经济大危机面前，没有像许多人那样误认为世界末日即将到来，而是坚信危机之后肯定会有复苏。他断定只要今天乘机收购，不久的将来肯定可以大受其益，于是奥纳西斯果断地抛弃了烟草生意，以非常低廉的价格买了6艘轮船，踏进了被人们认为不景气的航海业，从而成就了一代船王。

可见，乘虚而入，攻其不备可以反败为胜。

竞 争 智 慧

◇乘虚而入，攻其不备可以反败为胜。

◇在市场竞争中，趁竞争对手空虚没有什么准备之时，对他进行攻击是一种非常有效的策略。

◇趁火打劫，乱而取之。

善于因地制宜才能克敌制胜

【聊天实录】

我：孙老先生，您对竞争要以智取胜有何高见？

孙子：我曾说过：将军之事，静以幽，正以治。能愚士卒之耳目，使之无知；易其事，革其谋，使人无识；易其居，迂其途，使人不得虑。帅与之期，如登高而去其梯。帅与之深入诸侯之地，而发其机，焚舟破釜，若驱群羊，驱击往，驱而来，莫知所之。聚三军之众，投之于险，此谓将军之事也。九地之变，屈伸之利，人情之理，不可不察也。

我：您这句话该如何解释呢？

孙子：这句话的意思就是：在指挥军队这件事情上，要做到考虑谋略沉着冷静而幽邃莫测，管理部队公正严明而有条不紊。要能蒙蔽士卒的视听，使他们对于军事行动毫无所知；变更作战部署，改变原定计划，使人无法识破真相；不时变换驻地，故意迂回前进，使人无从推测我方的意图。将帅向军队赋予作战任务，要像使其登高而去掉梯子一样，使军队有进无退。将帅率领士卒深入诸侯国土，要像弩机发出的箭一样一往无前。要烧掉舟船，打碎锅子，以示死战的决心。对待士卒，要能如驱赶羊群一样，赶过去又赶过来，使他们不知道要到哪里去。集结全军官兵，把他们投置于险恶的环境，这就是指挥军队作战的要务。九种地形的应变处置，攻防进退的利害得失，全军上下的心理状态，这些都是作为将帅不能不队真研究和周密考察的。

　　我：您的意思是说，善于用兵者，首先善于选择战场，有利的地形地理要配合正确的战略战术，两者相辅相成，缺一不可。同样的地形地理，不同的将帅所运用的战略战术会有不同的结局。具体讲，因地制宜原则就是针对各种不同的地形地理，采取各种不同的战略战术。兵家必争之地，就要不惜任何代价，抢先争利，不争必败；兵家必弃之地，就要退避三舍，不弃则亡。这是兵家在作战时，必须慎重处理的问题。管子也曾说："不务地利，则仓库不盈。"那么，放在商战中，就如做生意不论大小，也要注意地理环境条件的选择，做得好，肯定可以取得很好的经营效果。

　　孙子：是的，善于因地制宜才能克敌制胜。

【解读】　南方大厦善于"因地制宜"

　　广州南方大厦是国内屈指可数的商业大厦之一，20 世纪 80 年代曾创下年销售总额 2.7 亿元的纪录，位列全国第一位。这里面的原因当然很多，但南方大厦善于发挥自己独特的地理优势巧做生意是其中一个非常重要的原因。

　　当时，南方大厦的销售主管从气象部门得知一条重要信息：明春雨季长、雨量大，广州多阴雨天。这位主管在核实了气象消息之后，决定预先购入一批雨伞。事有凑巧，当时深圳有一家公司因积压了 25 万把雨伞而一筹莫展，主管果断地支付了 100 万元巨款，将人家的"陈货"放在自己的库中"陈"了起来。第二年

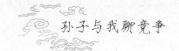

春天，广州果然阴雨不断，25 万把雨伞未等雨季过去，早已销售一空。

接着，又发生了一件令大厦内的职员和同行们不解的事情：雨季刚刚过去，广州阳光灿烂，这位销售主管又购入了 20 万把雨伞。于是，人们议论纷纷："主管是不是发财昏了头？不

南方大厦

下雨了购入这么多伞卖给谁？再说，即使是下雨，广州市民们的伞早已买过了，谁还买雨伞啊？"

可是，令人想不到的情况又出现了，气象预报指出：降雨区离开广州不断北上，然后在长江流域和黄河流域止步不前！南下的游客们都知道这一天气趋势，在返归之前，人人选购雨伞。这时候，广州市的其他商厦大多已没有货源，南方大厦又发了一笔财！

由此可见，"因地制宜"是企业经营决策和实施中的重要原则之一。地形，是用兵的辅助条件，判断敌情，制订取胜的计谋，研究地形的险易，计算路程的远近，这是高明将领的用兵方法。为人处世与兵战一样，也要注意环境的影响，氛围不同会产生不同的办事效果。

❧ 要善于因地制宜 ❧

孙子对选择地形的重要性和有关各种地形的行动原则进行了详细的论述，其中指出：地理形势，是用兵的辅助条件。正确判明敌情，研究地形的险易，计算道路的远近，这是主将的职责。深知这些道理并能用来指导作战的，必然会取得胜利；不能用来指导作战的，必然失败。《六韬·虎韬》中亦如是记载："凡深入敌人之境，必察之形势，务求便利。依山林险阻，球泉林木，而为之固；谨守

关梁，又知城邑丘墓地形之利。"宋人梅尧臣说："地形有一死生之势，战有存亡之道。"清人俞益谟说："行兵之道，贵知地利，避利不明，万难出奇没伏。"就是说，在行军作战中，根据地形采取不同的战略战术，至关重要，如此才能克敌制胜。

俗话说："不知民情难为相，不知地形难为将。"奇谋方略的创造，常要借助于地形条件。地形条件在战争中虽然不是活跃因素，而选定适宜，利用得当，就等于在兵力，对抗中找到了得力的帮手。为此，孙子在本篇中论述了六种军事地形的特点以及如符加以利用。

古今战史证明，地形首先确定了军事行动的舞台，设营、配置兵力、开辟交通线路是由地形条件决定的。古代两军交锋的所有战阵，总是在地形制约中完成的，主将只有在战前实地考察不同的地形，对战局了然于胸，才能驾驭复杂的地形，出奇制胜。

地形有死生之势，战有存亡之道。行兵之道，贵知地利，地利不明，万难出奇设伏。在行军作战中，根据地形采取不同的战略战术至关重要，如此才能克敌制胜。

在军事上，不同的地域具有不同的优势；在企业经营中，不同的地域也同样具有不同的优势。

其实，除了要了解自己企业和对手企业的强弱之处之外，还必须了解自己将要进行战斗的"地形"，也就是商业环境。

"凡用兵贵先知地形，知远近则能为迂直之计，知险易则能审步骑之利，知广狭则能识众寡之用，知死生则能识战散之势也。"

要了解商业"地形"，需要对市场进行深入的研究和分析。你必须知道你即将进行竞争的市场的规模、市场的增长速度以及每个市场中的行业力量，然后，你才能够规划市场的"险易"，以及力量的使用是集中还是分散。

为了了解市场的基本信息，可以利用商业报刊、市场评估或自己亲自进行市场调研，你还可以依靠自己的销售队伍以及那些经常和顾客打交道的雇员。然而，你作为战略制定者，为了得到市场信息反馈，必须建立基础结构，没有这个基础结构，你需要了解的大量市场信息就会丢失。

伯顿公司是1993年食品业中业绩最差的企业之一，大部分原因是它缺乏"先知"。伯顿公司的销售收入从1992年的71亿美元跌到1993年的55亿美元，与此同时，其普通股票每股收益为40美分。当时的CEO宣称，内部控制的不健全是导致公司奶制品部门业绩不良的一个主要因素。为了解决并没有根据的所谓"统一价格"问题，公司CEO解雇了40多位地区经理，这些经理拥有根据当地的情况独立定价的权力。这些区域市场信息来源的丧失，摧毁了伯顿公司了解这些地区市场的能力。除了这个问题之外，伯顿公司的计算机系统还相互不兼容；要努力维护它，再加上全公司统一定价和相应丧失了地区市场的情报资源，导致了悲剧的发生。伯顿公司的CEO说："如果我们对奶制品部门什么也不做的话，我们的业绩可能更好些。"作为这些失败的结果，伯顿公词的董事会迫使其CEO和其他高层管理人员辞职，然后将公司挂牌出售了。

市场信息对于公司已经变得如此重要，以至于一些业界导师用"信息战"来描述处于同一价值链中的企业相互争夺顾客信息的激烈状况。谁拥有顾客信息谁就有竞争优势，因为企业可以利用这些信息与顾客保持更加紧密的联系、减少中间环节并迅速做出决策。在信息时代，"知识就是力量"这句话对我们来说比以往更加真实。

作为成熟的战略制定者，你应该培训销售人员发现竞争对手的动向和消费者的需求，并通过一种方式（如标准形式的报告，e-mail）将信息迅速传递给公司总部。派出你的声场和竞争分析人员定期与顾客群体和销售人员会晤，搞清楚市场发生了什么事情。每月或每季都要与分析人员会晤，提供一个讨论这些信息和整体"图景"的讲坛。

一个专业的化学公司能够在没有大量资源的情况下做到这一点，它的CEO在整个公司建立了一个情报收集系统。他将雇员分成7人一组的职能交叉的团

1

2

队，这些团队被指派的任务是每月浏览 10 份报纸或杂志，这些报刊是小组成员平时不经常看的，这种方法可以使小组成员发现他们行业和职能专业领域以外的情况。

通过选出感兴趣的文章，将它们放到团队成员相互传递的文件中，然后每季一次讨论，这样做可以使团队了解、发现重要的情报。

将这些重要的情报汇集给最高管理层，使管理人员能在对环境更深入的了解的基础上制定战略，这也使每一位员工成为自己的预言者，扩大视野，使他们不再局限于原来的工作领域。

所以说，在商场竞争中，一定要善于因地制宜，只有这样才能克敌制胜。

竞争智慧

◇善于因地制宜才能克敌制胜。

◇在军事上，不同的地域具有不同的优势；在企业经营中，不同的地域也同样具有不同的优势。

◇除了要了解自己企业和对手企业的强弱之处之外，还必须了解自己将要进行战斗的"地形"，也就是商业环境。

与其硬碰硬，不如避锐击惰

【聊天实录】

我：孙老先生，您对竞争要以智取胜有何高见？

孙子：我曾说过：故小敌之坚，大敌之擒也。

我：您这句话该如何解释呢？

孙子：这句话的意思就是：弱小的军队如果一直坚守硬拼，就势必成为强大敌人的俘虏。

我：您的意思是说，用兵的原则是，拥有10倍于敌的兵力就包围敌人，拥有5倍于敌的兵力就进攻敌人，拥有两倍于敌的兵力就设法分散敌人，兵力与敌相等就要努力抗击敌人，兵力少于敌人就要退却，兵力弱于敌人就要避免决战。所以，弱小的军队如果一直坚守硬拼，就势必成为强大敌人的俘虏。以小搏大，硬碰硬肯定是自找苦吃，这就像拿鸡蛋碰石头一样，最终的结果只能是自己粉身碎骨。那么，对于在市场竞争中实力处于劣势的一方来说，必须学会采取灵活的竞争策略，避免和有足够实力的企业打"阵地战"，要学会避其锋芒。当力量对比悬殊时，应该凭借自身的优势，取长补短，以智取胜。

孙子：是的，与其硬碰硬，不如避锐击惰。

【解读】 　　卡芬女士善于避锐击惰

有时候，势单力薄的一方，只有避开强大对手的优势，才有可能争得一定的生存空间；同时，由于外表弱小，选择方向无人问津，也容易给对手造成错觉，使对手忽略其真正的实力，从而打败对手。

法国是世界公认的时装王国，那里人才辈出，才华横溢的时装设计师比比皆是，要想在他们中间崭露头角可不是容易的事。享誉法国和世界的时装设计大师卡芬女士便是脱颖而出的幸运者，她成功的秘诀就在于"避锐击惰"。

在一般人的印象中，时装总是为那些个头高挑的女性设计的，而个子不高的妇女常常被忽略和遗忘，事实也大抵如此，当时没有哪一个服装设计师是专为矮人设计服装的。卡芬女士生活在领导世界时装潮流的国度里，对此有自身的感受。她从小就对服装有着浓厚的兴趣，并得到名师的指点，一直想开家服装店专卖自

卡芬女士画像

己设计的服装。但巴黎是时装的天下，竞争激烈，要有所发展非常困难。"专卖矮个妇女的时装"这一灵感激发了她，她决心用自己创造性的劳动，填补时装设计的空白，在时装王国里独树一帜。

"我的身高只有1.55米，在妇女中身材是比较矮的。"卡芬女士坦率地说，"年轻时看手着时装展示会上那些长腿细腰的模特儿，我总在想，女性都爱美，美并不是高个子妇女的专利，个子不高的妇女也希望穿得漂漂亮亮，为什么没有人替她们设计时装呢？所以我选择了这一方向。"

1941年，经过精心筹备，卡芬在巴黎金字塔大街开设了自己的服装店。她在设计时根据矮个妇女的特点，注意扬长避短，例如从不过多地袒胸露肩，袖子也避免蓬松臃肿，整个时装的风格自然大方，线条明快，富于青春气息。她开店之时正是德国法西斯占领巴黎耀武扬威的时期，占领军对法国人做生意有许多限制，但卡芬服装店由于具有自己的特色，开业伊始便被许多身材不高的妇女光顾。1945年德国投降后，卡芬把服装店移至香榭丽舍大街，并首次挂出"卡芬公司"的牌子，从此她被人称为"卡芬女士"，以致真实姓名反倒被人淡忘了。

由于卡芬专为身材不高的女性设计时装，做工又十分考究，公司总是门庭若市，就连当时演艺界一些身材不高的女明星，如维拉·克卢佐、索菲·多米埃等人都纷纷要求卡芬女士为她们设计演出服装。

时至今日，卡芬女士回忆起50年前的往事，仍禁不住情绪激动，神采飞扬。她庆幸自己当时没有卷入同行的竞争当中，避开了他们的锐气，而选择了这个当时无人竞争的领域。这个正确的决策，为她带来了巨大的成功。

通过卡芬女士的成功，我们不难想象，只要选择好市场，创出特色，即使本来很弱小，也有"眉开眼笑"的一天。

要学会避锐击惰

在军事上，孙子主张处于劣势的一方，与其坚守硬拼，不如避锐击惰，他这一主张运用在竞争中也是同样的道理。在市场竞争中，如果己方的实力处于劣势，必须学会采取灵活的竞争策略，要学会避其锋芒。其实，在竞争中，可以采取"避"、"借"、"联"的策略。

"避"是弱势一方要避免和大型企业正面冲突，避免生产和大型企业的拳头产品相同的产品，避开大型企业的强势市场大本营，避开大型企业传统的分销渠道，避开使用大型企业惯使的促销绝招。否则，采用和大型企业相同的营销策略，不仅会因为相互撞车而自取灭亡，还会由于老是生活在"巨人"的阴影下而难以得到发展。

"借"是小企业应充分利用大型企业的资源来发展自己。大型企业有良好的商誉和响当当的品牌，小企业可以借之；大型企业有宽广快速的营销网络，小企业可以借之；大型企业有充裕的资金和先进的管理技术，中小企业也可以借之……只要小企业具有整合资源的良好能力，一切都能为己所用。

"联"是小企业自身的联合与支援，在没有外援的情况下，小企业们相互抱聚成团，由小而大，由大而强，会大大增强抵抗风险的能力。

哈勒尔在1967年时凭借买断的"配方409"清洁喷液的批发权，已占据美国几乎50%的清洁喷液市场，哈勒尔公司以及它的老板哈勒尔先生，过得异常舒服。

某年的一天，家用产品之王——宝洁公司开始眼红，它推出了一个叫"新奇"的清洁喷液。哈勒尔的生意遭遇到大的问题——显然，它不是宝洁的竞争对手。

按照宝洁的习惯做法，它在创造、命名、包装、试销和促销"新奇"这个产品时，要投入大量的资金，还要通过问卷调查、个别和集体访问做出心理和数字统计，也要耗费大量市场研究费用。

宝洁在丹佛市进行这项产品试销时，郑重其事，声势浩大。与此同时，在全国展开大笔资金投入广告攻势。结果在丹佛的试销小组报告："所向披靡，大获全胜。"因此，宝洁在喜洋洋的气氛中，信心十足，虚荣心也得到全面满足。哈勒尔感到了恐惧——他得到的信息表明他即将被踢出清洁喷液的市场，他要垮，他必须冷静下来，设置对抗的谋略。

哈勒尔决定采取三步：扰乱对手的视线，打击对手主管人员的信心，限制对手产品在市场上的销售量，从而使其因销量不佳，难以抵补已投入的大量资金而撤出这个"新奇"产品项目。

首先，宝洁在丹佛试销时，哈勒尔从丹佛撤出自己的"配方409"。当时有两种形式可供选择：第一种，全部把自己的产品从货架上搬走；第二种，先中止在丹佛的广告和促销，然后停止供货，渐渐使商店无货可补。大家注意：计谋在"计理"上讲究层深，一般设到第二层，胜算在80%以上。以上两种撤货形式实际分别是哈勒尔第一步谋略的第一、第二层。哈勒尔选择了第二层，因为如果选择第一层，很容易让对手发觉，他静悄悄地、迅速完成了这个"游击战"。

哈勒尔成功了，仅仅是试销，已经让宝洁飘飘然，不可一世。

然后，实行第二步。在宝洁"新奇"大面积上市，正准备开展全国范围内的"席卷攻势"时，哈勒尔将"配方409"以原来价格的50%倾销，本来宝洁主管人员认为"哈勒尔已不在市场了"，此时却感到措手不及。

同时实施第三步，哈勒尔用广告来大肆广而告之："优惠期有限！"结果一般的清洁喷液消费者在很短的时间内几乎购买了可用半年以上的"配方409"清洁喷液。也就是说，宝洁的"新奇"再好，甚至即便也跟进降价，但消费者在半年内也用不着再买此类商品了！产品上市就严重滞销，宝洁内部开始认为"新奇"是项"错误的产品"，在议论纷纷中，不得不撤销"新奇"的生产销售计划。

哈勒尔赢得很险。企业在与对手的竞争中，可通过巧妙的竞争手段破坏对手给消费者的印象，证明自己更符合消费者的需求，比竞争对手更好地满足消费者，从而最终取代竞争对手。

可见，在双方实力相差悬殊的情况下，不妨采用迂回战术，能有效避开正面冲突，保存企业实力。而避其锋芒，步步为营，又可以使企业稳扎稳打，最终对竞争对手形成有力的打击，所以说，与其硬碰硬地坚守硬拼，不如避锐击惰。

竞争智慧

◇与其硬碰硬，不如避锐击惰。

◇以小搏大，硬碰硬肯定是自找苦吃，这就像拿鸡蛋碰石头一样，最终的结果只能是自己粉身碎骨。

◇在市场竞争中，如果己方的实力处于劣势，必须学会采取灵活的竞争策略，要学会避其锋芒。

上兵伐谋，事半功倍

【聊天实录】

我：孙老先生，您对竞争要以智取胜有何高见？

孙子：我曾说过：故上兵伐谋，其次伐交，其次伐兵，其下攻城。

我：您这句话该如何解释呢？

孙子：这句话的意思就是：用兵的上策是以智谋克敌制胜，其次是通过外交途径克敌制胜，再次是运用武力经过野战克敌制胜，最下策是采取攻城的方法而取胜。

我：您的意思是说，您认为战争有四种不同的方式，即谋略战、外交战、野战、攻城战。最上策是挫败敌人的战争图谋，其次是挫败敌方的外交同盟，再次是野战，最下策是攻城。从这里可以看出，谋略战是一种智慧之战，以智取胜可以避免或减少在战场上相互厮杀造成的人员损失，而攻城之所以是下策，是由于攻城战有可能使士卒伤亡，减员三分之一，而城还是攻不下来，这对部队来说是场灾难。这也就是说，打仗首先要靠动脑子，做事情也是如此。做事情讲究方法，同样实力，方法正确，事半功倍；方法错误，事倍功半。

孙子：是的，上兵伐谋，事半功倍。

【解读】 海尔集团善于用"谋"

海尔总裁张瑞敏曾说，今后将不会在国内再搞大规模的兼并，其重要原因之一是，海尔正在实施中的国际化战略要求海尔必须走出国门，到国际市场施展身手。1997 年 6 月和 8 月，海尔—LKG 电器有限公司和海尔工业（亚细安）有限公司分别在菲律宾和马来西亚成立，标志着海尔开始在国外抢滩设点，从国内生产出口逐步转向向外国直接投资，与外商合资在当地生产，占领国际市场。海尔走出国门有着良好的基础，不仅其产品质量、管理水平达到国际先进水平，而且多年来，海尔一直与国外企业保持着多渠道、多种形式的合作，其中与美国合作研制"超级节能无氟冰箱"的成功，便是突出的一例。目前，海尔在技术先进、信息充分的发达国家设立了 8 个信息站，5 个设计中心，为海尔走出国门，到国际市场尽展英姿奠定了基础。

海尔兼并成功的谋略，有其独到之处，也具有一般指导意义。在兼并过程中，企业集团只有结合自身优势，扬长避短，抓管理、重质量、树立品牌意识，以市场为导向，正确选择集团产业结构和区域布局，才能真正收到"1+1>2"的绩效。

企业战略是企业核心竞争力中除了人之外最重要的因素，它有两个基本点：其一，战略不能轻易地被别人模仿；其二，除非比对方更有把握，否则可以模仿照抄对方的战略。因为先入为主，可以以逸待劳。《孙子兵法》有言：上兵伐谋。

鲜明地指出，最好的竞争战略就是攻破对方的战略，让其一无是处！

上兵伐谋，才能事半功倍

"上兵伐谋"是说以智谋挫败敌人的战略计谋，乃是用兵作战的上策。据颜师古注："言知有谋者，则以事而应之，阻其所为，不用兵事，所以为贵耶。"但是，"伐谋"必须以军事实力为后盾，又和战场上的军事行动紧密相连。在一定条件下，指挥者对计谋运用得当，常可以不用武力而使敌人屈服，避免或推迟一次战争的爆发。大成者必有大谋略，这大谋略又出自于心中的智慧。巧妙的全胜，不能以蛮力求强，而应当以巧求强，这才是聪明人的智举。此可谓顺势而行之道。

现今，经过20多年的改革开放，正在不断推动着企业转变经营机制，成为自主经营、自负盈亏的经济实体。

在计划经济体制下，企业作为行政附属物，一切听从和按照上级行政机关的指令性任务行事，不存在企业的战略问题。但后来情况就不同了，企业在越来越趋激烈的市场竞争中，不再能只着眼于眼前"火烧眉毛"的事务性工作，而要立足今日，考虑明天。不为明天着想的企业不会有前途，也就失去了在明天市场上的立足之地。要是把企业比作一条航船，那么经过科学分析、符合国内国际经济发展规律的企业战略就好比是船上的罗盘或指南针，它使企业这条船在市场大海的惊涛骇浪中不致迷失航向。在我国，最大的浪费莫过于战略决策的失误。因为这方面出了问题是没有回旋余地的。这对国家、对企业来说都是同样确切的。

任何社会群体的活动不怕战术上的出错，就怕战略上的出错；不怕操作上的失误，就怕决策上的失误。

因此，在商场上，作为企业管理者，面对市场经济的转型时期，不能把时间、精力再像以往那样只专注于当前的"热点"问题，而应冷静思考、研究未来，规划未来。

　　瑞士的世界经济论坛曾在 20 世纪 80 年代初对当时西欧大企业的领导人，对其一把手或叫首席行政主管 (CEO) 的时间支配做过一次有趣的调查，其结果是：真正大企业的主要负责人，是把 40% 的时间和精力花在考虑和研究本公司的经营战略和发展战略上，40% 的时间和精力用来和各有关方面的人士打交道，包括股东、供应商、销售商、政府有关部门，以及企业职工等，然后用 20% 的时间精力去处理企业的日常事务。这从一个侧面也反映了在市场竞争中要经营好一个企业，企业战略对企业这条航船的"船长"或"领航员"来说有多么重要。

　　在兵战中，战略的正确与否决定着战争的胜负；在商战中，战略同样决定着企业的成败。

　　各个企业的具体情况不同，因此不存在可以照搬照抄他人取胜战略的统一模式，而必须从各自企业的特点和实际出发。然而，一个正确的战略却具有某些共性的基本因素，深入地掌握了这些因素的实质，再从自身的实际情况加以具体化，就可以制定出有指导作用的战略。

　　可见，要想取得战争的胜利，最好的方法是进行谋划，也就是"上兵伐谋"，所以，从事企业生产、商战，也必须谋划。谋划得当，就会进展顺利，就会赢利；谋划不得当，就会进展缓慢，甚至失败，遭受损失。不可能设想，一个企业生产处于无组织状态，产品会质量上乘，声誉良好，所以，企业生产、商业运营，都必须进行谋划。要进行谋划，就必须比较判断，如何组织、协调，才能发挥最大的潜力。也就是说，只有很好地运用谋略，才可以达到取胜的目的。

竞 争 智 慧

　　◇上兵伐谋，事半功倍。

　　◇做事情讲究方法，同样实力，方法正确，事半功倍；方法错误，事倍功半。

　　◇企业战略是企业核心竞争力中除了人之外最重要的因素。

善战者，致人而不致于人

【聊天实录】

我：孙老先生，您对竞争要以智取胜有何高见？

孙子：我曾说过：凡先处战地而待敌者佚，后处战地而趋战者劳。故善战者，致人而不致于人。

我：您这句话该如何解释呢？

孙子：这句话的意思就是：大凡先期到达战地等待敌军的就精力充沛、主动安逸，而后到达战地匆忙投入战斗的就被动劳累。所以，善战者调动敌人而决不为敌人所调动。

我：您的意思是说，善于用兵打仗的人，必须懂得争取主动，牵着敌人的鼻子走，而不被敌人牵着鼻子，要陷敌于被动。要想在战场上取得主动，必须抢先一步。所谓先发制人，只有抢得先机，才能制人而不制于人。同样，在企业经营过程中，必须贯彻抢先战略。

孙子：是的，善战者，致人而不致于人。

【解读】 **IBM 善于运用"致人而不致于人"**

在国际关系方面，"致人而不致于人"的主动策略也是很常用的。美国在许多战略性、关键性的高技术领域，如空间技术、生物技术、信息技术、敏感军事技术等方面，均居于领先地位，这些技术不仅影响国计民生，而且直接关系到一个国家的安全。美国经常将自己掌握的高技术优势作为筹码，利用高技术禁运来挤压与威胁别国，迫使其在外交上做出让步，或者以技术转让手段，达到拉拢和在政治上控制别国的目的。美国又凭借其在贸易上举足轻重的地位，主导国际经济体制、金融体制、贸易体制，制定有关的所谓国际标准，同时，它又根据亲疏好恶，对不同国家的商品设定不同的技术门槛，从而使许多国家受制于它。美国利用其高科技和经济上的优势，在外交和国际贸易中"致人而不致于人"，使其成为当今世界最强的超级大国。

IBM 是世界电脑市场的龙头老大，它所拥有的资产远远超过 500 亿美元。商场即战场，IBM 的发展也不是那么顺利的，它也有竞争、挑战和对手。然而它在每次竞争中，总是力争主动，完善自己，从而在战胜对手的过程中使自己一步步强大起来。

在计算机市场上，首先向 IBM 开炮的是雷明顿·兰德公司。1951 年，兰德公司向美国统计局出售了第一台商用计算机，首次向 IBM 发起了挑战。

兰德公司的进攻使 IBM 的主席小沃森大为惊讶，他立即召开上层会议，研究对策。

IBM 抢先投入自己的全部实力，从宣传攻势到网络专家，从占据技术领先优势到研究开发更新的产品，每一步都精心设计，巧妙安排；同时，密切注意兰德公司的倾向，分析对手的每一个企图，终于 IBM 这种全方位的进攻让它在这场竞争中占据了上风，一路领先，始终处于主动的地位，而兰德公司在强敌面前败得溃不成军，只好退出竞争。

真是一波刚平，一波又起。一些陆续强大起来的电子计算机公司联合起来，结成了阵容庞大的盟军，向 IBM 射击密集的炮弹，想一举轰毁 IBM 的阵地，在这场战争中，盟军耗去高达 30 亿美元的广告费。

面对盟军异常凶猛的攻势，IBM 没有正面出击，以牙还牙。它采取了有效的防御策略——推陈出新，不断用自己更新、更优良的新产品取代自己过去的产品，以最优质的产品争取到市场的主动权。

于是，IBM 推出了这样的广告词：比 IBM 更优良、更便宜、更好。很快新产品 XT 型个人计算机上市了，它具有硬盘装置，能存储 5000 页资料，刚投入

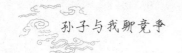

市场就引起了一片叫好声。

紧接着，拥有全新微处理器的 AT 型个人计算机又在计算机新产品上一展雄姿，大放光芒，它的功能没有任何一家其他计算机公司敢与之抗衡。盟军阵脚大乱，无数的中小型计算机公司被迫关门或严重亏损。

IBM 在发展过程中，时时都在迎接挑战，每一次都能以多变的谋略及把握市场竞争的主动权，"致人而不致于人"，将对方打倒在地，从而让自己处于不败之地。

致人而不致于人

"致人而不致于人"的意思是，一般先到达作战地点等待敌人的军队就安逸，后到达作战地点仓促应战的军队就疲劳，所以善于作战的人，总是使敌人前来就我而不是自己前往就敌。孙子对战争的地点、地形给予了高度的关注，战争地点对于战争双方有不同的意义，早到作战地点的一方，不仅准备充分，而且熟悉地形，使地利的各种因素为己所用。相反，匆忙赶到会战地点的一方，则是以疲劳之师投入战斗，既准备不足，更重要的是不熟悉地形，不能利用地利的因素，其后果是给自己带来被动。孙子基于此提出了"致人而不致于人"的用兵原则，就充分体现了他对战争要保持主动性的一贯主张。

在战争中，谁掌握了主动权谁就会取胜。因此争取主动，避免被动，历来是兵家的不懈追求。如何才能争取主动，用孙子的话来说，就是"凡先处战地而待敌者佚，后处战地而趋战者劳"。这是在作战全局中掌握主动权的谋略思想，是重要的用兵原则，也是《孙子兵法》一书的精髓之一。这个原则，为历代兵家所重视，不仅产生了许多典型战例，而且对其他许多领域都具有重要指导意义。

孙子主张在战场上"致人而不致于人"，那么，在商场上也是同样的道理。就是说，必须懂得争取主动，牵制别人，而不是被别人所牵制。但是，要想牵制别人，就必须比别人抢先一步。所谓先发制人，只有抢得先机，才能致人而不致于人。同理，在企业经营过程中，必须贯彻抢先战略。

抢先战略，也称为市场先导者战略，它是差异化战略、低成本战略和集中战略之外的又一类型的企业总体战略。抢先战略是指企业实行抢先占领市场的战略，企业总是将其注意力集中于行业的制高点，努力比竞争对手抢先一步占领市场。成功的抢先战略对于竞争对手来说，具有不可模仿性和不可抗拒性。

是的，从某种意义上说，市场竞争成功与否的关键在于能否比对手抢先一步，先发制人，在激烈的市场竞争中，慢一步都不行！

广州牙膏厂是一个在国内有一定知名度的老企业，有好几种产品曾荣获国优、部优、省优，在过去的计划经济时期，是不愁嫁的"皇帝女"。进入 20 世纪 80 年代以来，这些"皇帝女"的销路由旺转平、转滞，工厂的经济效益也随之而降，形势迫使他们要开发新产品。但什么是新产品？新产品必须适应顾客什么样的需要？他们心中无数。于是，他们来一个"老牌新改装"，把一种曾大受消费者欢迎但已经停止生产多年的老型号牙膏，略加改动便当做新产品推出。结果是消费者不买账，销路平平。1985 年，眼看着药物牙膏风靡市场，他们也紧步别人后尘，搞了一种药物牙膏。由于这种牙膏与兄弟厂已打开销路的药物牙膏基本一样，缺乏号召力，因而这种牙膏仍然挤不进市场。

他们通过调查研究，发现消费者现在对牙膏的要求不仅要有药物和卫生的作用，而且要有香味。这种香味就是一种超前的要求。于是，他们认识到自己过去的产品打不进市场，主要原因是传统复制品（只具有药物和卫生的作用），不是超前创新品（没有香味）。此后，他们在组织研制新产品时，紧紧把握着"超前"两个字。

1986 年初，经过反复的试验，他们研制成功了一种具有国际香型、清新可口、内含口洁素、防牙石制剂，在香型、口感和使用效率等方面都超前的黑妹牙膏。黑妹牙膏投放市场之时，尽管全国牙膏产大于销，积压严重，牙膏市场竞争异常激烈，但它凭着"超前"的真功夫，迅速打开销路，不仅畅销国内市场，而且还被外商们一眼看中，出口外销，取得了很好的经济效益。后来，黑妹牙膏先后 7 次荣获国家轻工业部、省、市颁发的优秀新产品奖，人们称黑妹牙膏是"洁齿皇后"。黑妹牙膏的成功，使广州牙膏厂尝到了在开发新产品时超前一步的甜头。

超前一步，开发出市场需要的新产品，乘人之不及，对于保证企业在市场竞争中处于领先地位，立于不败之地至关重要。

一般说来，一个新产品，一种新技术，总会有许多公司在同时开发和研究，如果能领先于对手抢占市场，就会牢牢地把握市场主动。在企业的经营管理中，企业必须时刻抱着"先处战地"的思想，贯彻抢先战略，先于竞争对手占领商场，取得市场主动权。

现今的商战，就是快鱼吃慢鱼，只要你想得比别人早，动作比别人快，你就能够获得成功！商机处处都在，只是有些人不敢去想，有些人不敢去做；但是有的人去想了，也去做了，所以他们成功了。争当第一个吃螃蟹的创业者，就是要敢于去尝试创新，找出适合自己或企业发展的路；而且还要敢为天下先，永争第一。相反，如果自己不敢尝试创新，等看到别人成功后才步人后尘，企图分一杯羹，只会是别人捡了西瓜自己捡芝麻的结局。

由此可见，善战者，致人而不致于人。

竞 争 智 慧

◇善战者，致人而不致于人。

◇在企业经营过程中，必须贯彻抢先战略。

◇成功的抢先战略对于竞争对手来说，具有不可模仿性和不可抗拒性。

第四章

孙子与我聊竞争中的信息战

　　21世纪，是知识经济占主导地位的世纪，同时，也是个"信息"爆炸的时代，那么，企业生产、商战制胜的秘诀也在于"打一场漂亮的信息战"。如果企业能够及时地掌握信息、分析信息，并有效地进行操作，必将为利润的最终取得提供保证。若企业不能及时把握信息、有效操作必将会贻误战机，被竞争对手所击败。

商业间谍无处不在，情报决定商场胜败

我：孙老先生，您对竞争中的信息战有何高见？

孙子：我曾说过：微哉微哉，无所不用间也！

我：您这句话该如何解释呢？

孙子：这句话的意思就是：微妙啊，微妙！无时无处都要使用间谍。

我：您的意思是说，战场上的情报决定胜败，而商场上的情报则价值连城，谁能先获得情报，谁就能率先发展，就能战胜对手，也就是说能够"捷足先登"。那么，在当今社会，正是基于这个原因，商家一定要千方百计保护自己的机密不被别人窃取。正像您说的，"无所不用间也"，如果不小心，就可能泄露最紧要的机密，让别人窃取。

孙子：是的，商业间谍无处不在，情报决定商场胜败。

【解读】 ～ **IBM 为保守商业机密而费尽苦心** ～

设在美国加州奥克赫斯特的新锐公司正门停着一辆大型豪华轿车，4 个人从车上下来。这 4 位衣着整洁，都穿着三件套的素雅西装。他们自称是从 IBM（国际商业机器公司）总公司来的，想要会见新锐公司的负责人。

新锐公司的总经理把他们请到办公室来，那 4 位之中有一人说明了他们的来意：他们是偶尔路过这一带，想参观该公司的工厂。

总经理咧嘴笑着，因为他一看就觉得这 4 个穿着三件套西装的人，根本不是到附近的约塞密提游览而顺道来访的。尽管如此，他还是对想要参观的这一行人表示欢迎，带他们到工厂去。而这 4 人是来参观的吗？根本不是！

一进入工厂，来自"大蓝"(IBM)的那4个人，便让打开认为是企业机密房子的门锁，走进去，把字纸篓倒出来，查证丢弃的文件是否用碎纸机处理过，然后摇动办公室公文柜的锁，看看有没有锁好。

检查的结果，那4个人好像很满意。于是，向IBM总公司报告，说新锐公司的企业机密保安措施合格。可是，过后不久，那4个人又突然驾到，一来就对保守机密的情形重新检查一番。

与IBM签了合同而从不曾享有过工作特权的一位局外人向人诉苦说，当IBM要保守机密时，如同患了偏执狂一般。比如说，IBM向代理公司订制某种零件时，只提供该零件生产上所需的资料，代理公司在整个产品推出市面以前，搞不懂那是做什么用的。

由于个人电脑业界竞争极为激烈，因此，IBM保守机密的形势，在20世纪80年代初面临了最严厉的考验。最大的竞争对手"苹果公司"的个人电脑终于上市，并显示一般大众对它兴趣浓厚，同时也很畅销，其他公司也竞相投入新型的个人电脑市场。

IBM决定将以自己的品牌上市的个人电脑零件，不在公司内生产而在公司外生产，唯有装配工作在IBM的波卡雷顿工厂进行。在由设在佛罗里达州的这家工厂运出第一号成品之前，其他竞争公司根本无法想象IBM的个人电脑会是什么样子，只是复杂的电脑零件，由美国各地数百家公司生产。

IBM电脑的诞生是个好例子，它可以显示出在盗取秘密、窃取零件已达到肆无忌惮的产业界，IBM为了保守机密而费尽了多少苦心。同时，这也说明了保守企业秘密是多么重要。

情报决定商场胜败

商业界的保密，在企业是否获得成功这一点上常常是具有决定性的。大多数的企业，都基于军队的保密体系来拟订保密计划。自从有了战争的历史以来，司令官有关于军队的部署、补给及其他辎重的计划，要是让敌人察知，哪怕只是些许，战斗也必将败北，这已成了军中的常识，而这一点在商业竞争中也愈来愈被人们重视。

保守企业级机密和外商友好相处并不矛盾。企业机密，是指关系到企业的命运与生存，与企业的安全和利益息息相关的事项。和外商友好往来，是为了使企业的产品能在国际市场上站稳脚跟，给企业带来经济效益。为了博得外商的信赖，交易者应发扬助人为乐的精神，急人之所急，帮人之所需。但切忌口若悬河，有问必答，慷慨解囊，把自己的"饭碗"拱手相让，使外国人不费吹灰之力而获得"秘方"。

以前，由于一些人头脑里市场经济意识淡薄，心肠比较热，说话不注意分寸，致使一些秘密外泄，损失惨重。比如，本来我国研制的某种化工产品在国际上享有盛誉，成为出口创汇的拳头产品，可是外商进厂参观时，厂方允许拍照，并详尽讲解整个生产流程，被其免费取走了核心技术，使我国出口的该产品在国际市场上成了滞销品。某厂生产的空心面，世界市场需求量大，前景广阔，创汇可观，但在某外商打着合资建厂的幌子实地考察时，厂方竟把和面、烘干的诀窍和配方全盘托出。外商按谱炒菜，在很短的时间内就开发出包装精致、质高价廉的空心面，占领了国际市场，此后该厂的空心面市场萎缩，逐渐败下阵来。某单位研制的某种抗癌良药属于世界先进水平，由于机密泄露，而使几代人含辛茹苦的科研成果毁于一旦。相反，有些企业由于保密工作做得好，至今仍立于不败之地，生产的产品一直供不应求，经济效益十分可观。

随着国际交往和合作的进一步发展，国与国之间的竞争、斗争也会更趋激烈。企业秘密和科技情报将成为各国商业间谍窃取的重要目标，因此，交易者一定要提高警惕，切莫在"满足对方需要"时泄露机密。

所以，在我国发展市场经济、产品走向世界的今天，要使我们的名牌享誉全球、通行无阻，商家们一定要注意，尤其是那些商务谈判者：商业间谍无处不在，情报决定商场胜败！一定要小心泄密！

竞争智慧

◇商业间谍无处不在，情报决定商场胜败。

◇商场上的情报则价值连城，谁能先获得情报、谁就能率先发展，就能战胜对手。

◇企业机密，是指关系到企业的命运与生存，与企业的安全和利益息息相关的事项。

要警惕"技术扒手"，他们是无孔不入的

【聊天实录】

我：孙老先生，您对竞争中的信息战有何高见？

孙子：我曾说过：必取于人，知敌之情者也。

我：您这句话该如何解释呢？

孙子：这句话的意思就是：一定要取之于人，从那些知道敌情的人那里去获得。

我：您的意思是说，在军事行动中，事关生死存亡的大计，就是保密工作。现代商战中，商谍们关注的一般是企业的信息及领先技术，对于一个生产性的企业来说，通过获取对手的领先技术从而加快自己的发展，是商战中的"用间"妙法。

孙子：是的，"技术扒手"无孔不入。

【解读】 ❧ **小小邮票暗藏玄机** ❧

法国抵抗部队的炮兵排长腓里对新婚不久的妻子瑞拉十分眷恋，每天都要给妻子写上一封情意绵绵的信。但是，腓里告诫妻子：千万不要把他的行踪告诉给别人，因为敌人的间谍是无孔不入的。

瑞拉有一位女友，名叫妮莎。腓里随部队出发后，妮莎一有空就来陪伴瑞拉，两人形如亲姐妹，天南海北，无所不谈。瑞拉把腓里的话记在心中，即使是谈起腓里来也从不吐露腓里的行踪。

妮莎是位集邮爱好者，她把自己积攒的邮票带到瑞拉家中，请瑞拉品评。瑞拉从未见过那么多形形色色的漂亮邮票，赞不绝口。妮莎是个善解人意的人，见瑞拉喜欢，就送给了瑞拉一些邮票。渐渐地，瑞拉也开始喜欢起集邮来，她把腓里寄来的信一封封找出来，小心地裁下信封上的邮票，一张张地放在集邮册中。妮莎观看后，着实夸奖了瑞拉一番。

从此，瑞拉对丈夫的来信更加期盼，因为丈夫的来信不但送来温情蜜意的问候，还给她的集邮册增加了一枚邮票。但是，突然间，腓里的信中断了，一连好多天，一封信也没有来，令瑞拉难过的是，妮莎也不再来看望她、陪伴她了，瑞拉好不孤独。

终于，有一天，腓里又来信了，瑞拉急忙撕开信封——那是一封没有写完的信，而且，信纸上还带有斑斑血迹。信上写道：

"……真是活见鬼了，最近半个月以来，不论我们转移到什么地方，德国人的炮弹就像长了眼睛似的能够找到我们。我们的损失很大，我也负了重伤，现在……"

瑞拉被突然来到的打击击倒了，不知过了多久，她从昏厥中醒来，一眼又看到了掉在地上的信、信封、信封上的邮票。

瑞拉猛地坐起来，拾起信封，失声惊叫："上帝啊！……"

信封邮票上清楚地印着腓里发出信时所在地邮局的邮戳。

瑞拉一切都明白了。

妮莎通过对邮戳的观察，巧妙获得法军炮兵部队的阵地，并把这个情报传了出去，从而重创法军炮兵部队。

可见，小小邮票也是暗藏玄机的，"技术扒手"是无孔不入的，不论在战场上，还是商场上，都应该慎重，否则，后果不堪设想。

"技术扒手"无孔不入

军事行动，是事关生死存亡的大计，保密工作十分重要。但从另一方面说，要想取胜，必"知敌之情"。而为了摸清敌方的真实情况，除了运用侦察等公开手段以外，还有一个隐蔽的手段，那就是"窃密"和"用间"，这两招在商场中屡见不鲜。

现代商战中，商谍们关注的一般是企业的信息及领先技术，对于一个生产性的企业来说，通过获取对手的领先技术从而加快自己的发展，是商战中的"用间"妙法。

毫无疑问，企业的科学技术研究与开发情况是情报部门打听的重点。科学技术是一种很重要的竞争优势，但是它一旦为你所有，对手的竞争优势就丧失了。日本人是剽窃技术的行家里手，他们在激烈的国际市场竞争中获得了巨大的成功，"技术扒手"功不可没。日本的每一企业、每一员工都非常珍惜市场情报信息，对技术情报的欲望更是强烈，日本的本田公司的创始人本田宗一郎就是日本"技术扒手"中的一流高手。

1954年，本田宗一郎在欧洲考察时参观了英国伦敦世界摩托车展览大会，眼界大开，他看到了世界摩托车生产和研制的最高水准。他花掉所有的钱，买了大量的摩托车零部件，带回日本。经过几年的研究与仿制，本田牌两轮摩托车以它特有的优势，占领了世界市场。如今，本田已成为世界"摩托车之王"。

日本在占战后实现经济起飞，像本田宗一郎一样的一批技术搜罗者功不可没。通过类似的技术剽窃、廉价的技术专利购买，然后充分发挥大和民族杰出的模仿才能，使日本与西方发达国家的技术差距缩小。至今，日本人依然视情报为企业的生命，以按秒传递经济情报作为其情报活动的宗旨，在世界各地的大企业、研究机构安插自己的情报人员，通过他们来获得世界最新技术情报。日本经济情报人员的工作不仅使日本始终在世界技术竞争中领先一步，而且每年为日本节省了巨额的研究开发费用。美国企业界一直攻击日本企业手段卑劣，然而在竞争的压力下，也纷纷建立起自己的情报部门，因为世界上公平的竞争从来就不曾有过！

另外，出版业的空前繁荣使报纸、杂志和书籍成为社会中极其重要的信息媒介，经过分析、剪裁，任何琐碎的情报都可能在关键的时候帮你的大忙。

精明的情报人员非常重视情报的这种来源，柯达公司情报部主任安妮·西葛丝经常阅读一大堆出版物的目录，她自己也觉得有点古怪。她最喜欢看北卡罗来纳州特兰西瓦尼县的半周报《特兰西瓦尼时报》，因为一家生产医用胶卷的竞争对手——斯特林诊断影像有限公司在那儿建了家工厂，她可以从报上各种招聘或辞退新闻中得知该工厂的发展情况。

从利用互联网到搜寻垃圾堆，情报人员所做的工作都是合法的也是必不可少的。他们花费大量时间参加各种展销会，和证券分析人员或证券商、供应商细心地交谈，利用自己敏感的情报神经，抓住每一点一滴可能有用的信息。

能在很不显眼的地方发现重大线索的才能是极为难得的，也可以说，不是缺少"情报"，而是缺少发现的眼睛。事实上，现代企业的情报部门的绝大部分情报都是靠这种途径获得的，无论是有关竞争者的新产品、生产成本等信息，还是包括高级经理人员的档案及他们制定决策的能力。

诚然，正如一句话所说"成功的大门总是只向有心人敞开"，很多成功的商场案例就是这句话应验的实证。

实际上，市场上的竞争，归根结底是以利益的获得为目的，而获得利益的基本途径就是要占有市场。不妨利用了竞争对手急于占领市场的心理，以"做一笔大买卖"为诱饵，"利而诱之"，从而获得了自己所需要的一切技术资料，包括极其宝贵的绝密资料，这种利益用金钱是无法衡量的。

因此说，在商场上，"技术扒手"是无孔不入的，不仅要谨防自己公司的情报被别人窃取，而且还要学会利用别人的情报来为自己所用。

竞争智慧

◇"技术扒手"无孔不入。

◇现代商战中，商谍们关注的一般是企业的信息及领先技术，对于一个生产性的企业来说，通过获取对手的领先技术从而加快自己的发展，是商战中的"用间"妙法。

◇科学技术是一种很重要的竞争优势，但是它一旦为你所有，对手的竞争优势就丧失了。

获取准确的商业情报，做胜利的主宰者

【聊天实录】

我：孙老先生，您对竞争中的信息战有何高见？

孙子：我曾说过：而爱爵禄百金，不知敌之情者，不仁之至也，非人之将也，非主之佐也，非胜之王也。

我：您这句话该如何解释呢？

孙子：这句话的意思就是：如果吝惜爵禄和金钱，不肯重用间谍，以致因为不能掌握敌情而导致失败，那就是不仁慈到了极点，这种人不配做军队的统帅，称不得是国家的辅佐，也不是胜利的主宰者。

我：您的意思是说，在战争中，决策的对错关系到战争的成败。在商场上，"知敌之情"也是非常重要的。因为情报信息是决策的依据。作为一个企业决策者，其决策也绝不能凭空臆断，而应广泛收集商业情报信息，做出正确决策，这样才能在竞争中立于不败之地。

孙子：是的，获取准确的商业情报，做胜利的主宰者。

【解读】 固若金汤的大宇公司

大宇公司是曾经韩国最负盛名的国际企业，他们最拿手的就是对情报信息的判断和分析。据说，每当大宇实业开发或推销一种新产品时，公司总裁金宇中总是预先搞好市场需要方面的调查，善于捕捉商品经济战场上一闪而过的战机，凭借知识和机遇，抓住时机，果断决策，这是金宇中在商战中获得成功的一条重要经验。难怪有人说，金宇中的成功就在于具有惊人的前瞻力，在别人还举棋不定时，他就捷足先登了。

自印度尼西亚实行纺织品进口自由化以来，东南亚纺织品市场出现了过热现象。在这种情况下，为了预防不测，金宇中组织了以韩国银行调查部职员崔英杰、金学洗、朴胜等人为核心的咨询顾问小组，由他们每周一次为大宇实业开展有关国际贸易市场和国际经济发展趋势等问题的咨询活动。

根据他们提供的信息，认为国际纺织品市场将会供过于求，最终导致国际纺织品市场不景气，因此，韩国的纤维制品和纺织品的出口不久也将会同国外一样，转为附加价值高的服装出口。

这一信息使金宇中很受启发，他认为，商品市场一般是按一定的规律周期循环的，当市场景气时事先必须采取措施以防不测，当市场不景气时应该想方设法扩大领域，增加出口，为此，他当即决定增加对服装生产的投资。

不出所料，不久，韩国纺织业便处于全面不景气状态之中，仅釜山就有80%的企业开工不足。但是，金宇中非常清楚，纺织业不景气只是韩国出现的短暂的现象，这是因为企业经营不善所致，而技术水平与韩国相似的中国台湾、香港等地区的服装行业却一直状态良好。当时，韩国绝大多数企业只顾自家门前雪，不管他人瓦上霜，他们的经营目的不是为了扩大出口，而是为了所谓的技术所得。

何谓技术所得？当时韩国为了振兴出口，调动企业的生产积极性，对经营者出口用原材料，给予27%的损失率，即在100米纤维原料中，只要能生产出73米成品，剩余的27米允许免除税收。

因此，各企业在生产过程中最大限度地采用先进技术，尽力减少27%的损失率，这种技术所得往往要比生产成品出口能获得更多的利益。

所以，各企业都想用技术所得来弥补出口赤字。在这种情况下，企业往往只追求眼前利益，即使产品质量高了也不愿提价出口，而是千方百计地提高技术所得，这样做的结果，必然导致产品粗制滥造。

当时，金宇中却不这样做，他积极促进纺织品出口，其目的是为更多的人提供就业机会，同时为韩国纺织业树立对外的形象。但是，他的这种做法并没有引起任何人的重视，这样，反而使他不受任何制约，大胆地开创自己的事业。他通过积极改进技术不断扩大对外贸易，同时为了提高对外信誉，积极推行以廉价产品为主的批量出口。

进入20世纪70年代，美国纺织行业面临着一场深重的危机，纺织行业的年增长率超过32%。其中韩国向美国出口的纺织品只占美国纺织品市场的3.5%，而向美国出口的几种特定商品的市场占有率超过20%。

在这种情况下，金宇中便意识到美国对纺织品的大量涌进迟早要实行进口限制，而当时在美国市场已显露出限制纺织品进口的动向，为此，金宇中于1971年5月不惜重金雇用了熟悉美国商业部内部情况的美国人为顾问律师，不仅获得了花几十倍金钱也换不来的大量经济信息，而且得知美国将要对韩国、中国台湾、中国香港等的出口纺织品实行限制的情报。

金宇中认为，美国实行纺织品进口限制并不是一件坏事，因为日本纺织业赚钱，恰恰是从美国实行进口限制以后才开始的。美国实行纺织品限制以后，日本纺织企业为了跳越出口限制壁垒做了积极努力，不断采用新技术使产品更新换代，向高级方向发展，提高出口价格。结果，出口量虽然减少了，但出口绝对额却大幅度增加，在不到一年的时间，纺织品出口额就增加了近两倍。

金宇中获得情报后，便立刻向商工部通报，并要求尽快采取对策。可是，当时世界各国和韩国经济人士普遍对美国实行纺织品进口限制半信半疑，特别是商工部有关人士认为，美国是韩国的"友邦"，无条件地大力支援韩国的经济发展，不可能会对韩国实行进口限制，因而无动于衷。金宇中无奈，又通过韩国服装出口协会，把这一情况及时通知给有关企业，他们也都当成耳旁风，不予理睬。

但是金宇中凭借在贸易方面多年工作的经验，相信美国一定会实行进口限制，并采取以攻为守的策略，开始向美国市场展开积极的倾销战。他认为，确保美国市场的最好办法，是最大限度地增加出口量。

为此，他不仅广泛地提前开始订货活动，而且还通过设在美国当地的法人，向美国商人大力推销大宇实业的纺织品，扩大出口额。在竞争中，一些贸易公司和企业唯恐出现赤字输出，都纷纷后退，而他却不管有无亏损一味地扩大对美出口。

正当金宇中向美国市场展开全面攻势之时，美国终于在1971年10月通过了关于限制纺织品进口规定，并正式宣布对韩国纺织品进口实行限制。当时，韩国商工部对此毫无思想准备，感到惊慌失措，便急忙找金宇中共商对策。

根据美国和韩国签订的纤维协定，韩国每年可以逐渐向美国扩大出口量，但

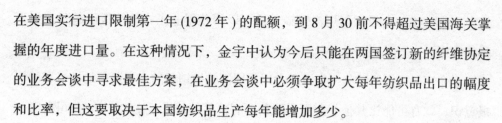

在美国实行进口限制第一年 (1972 年) 的配额，到 8 月 30 前不得超过美国海关掌握的年度进口量。在这种情况下，金宇中认为今后只能在两国签订新的纤维协定的业务会谈中寻求最佳方案，在业务会谈中必须争取扩大每年纺织品出口的幅度和比率，但这要取决于本国纺织品生产每年能增加多少。

"因此，从现在起到 1972 年 8 月底的期间，希望所有部门竭尽全力来支持和鼓励企业最大限度地向美国出口。与此同时，在同美国谈判之前，还必须事先准备好必要的数据，如果毫无准备地同美国谈判，就好比赤手空拳上战场。"

他还说："对企业来说，各自都应该有一些顾客。但从现在起应该对没有信用证或出口合同手续的企业，事先发放出口许可证，然后再完善必要的手续。这样做的目的，是在限期内尽可能向美国多出口一些纺织品。"

金宇中的这些建议全部被商工部和企业家们接受，因此，韩国当局开始实行对美国纺织品出口配额制，即根据各贸易会社和企业对美国出口纺织品的数量，相应的分配对美国出口的份额。于是，金宇中便全力以赴地展开了增加对美出口纺织品的竞争。结果，在其他企业和出口商对美国进口限制仍抱着观望态度时，金宇中已成竹在胸，使大宇的产品在美国有了固若金汤的市场。

要善于获取准确的商业情报

在商场上，企业家应该明白，情报的采集能力和选择能力对制定合理的企业战略，在商战中夺取胜利至关重要。从情报与企业经营的联系看，由于情报质量不同，经营者所作的决策有极大差别，即便是高智能的企业家，若依据不充分的、可信度低的情报所做的决策，也不可能是正确的。

作为经营资源的情报，应该说最主要的是同经营环境如何变化，主导产品的需求动向如何变化有关的情报。这种超前性的情报，有可能从现在的情报分析中取得，比如，经常与用户接触，就可以因获得非正式的情报而起到意想不到的作用。

企业家如果能调动起经常活跃在用户周围的推销员的市场调研的担当者的情报意识，就有可能比其他企业更早地获取有价值的情报。比如，GM 公司在第一次石油危机爆发的前一年，即 1972 年就从世界各地的情报网中获得了能源价格将在近期上升的可靠情报，并给予了充分的重视。他们当年为此成立了能源问题的特别班子，并立即进行了半年的集中调查。

根据调查的结论，从 1973 年 4 月起，GM 公司就实行了降低燃料费的适度计划，同时采取了将车身内铁制的一部分部件用塑料、铝合金取代，生产轻型汽车的计划。

另外，道化学公司最早了解到石油化学原料成本有上升的动向，从 1965 年到 1970 年初，在美国、荷兰、德国建成了最先进的石油化学综合设施，实现了最彻底的节能化。该公司从 1956 年到 1973 年间，成功地将每生产一炉聚乙烯所需要的能源降低 60%，使劳动生产率得到成倍增长。

正因为道化学公司从 60 年代后半期就迅速掌握了能源价格可能上升的情报，从而使其在距油价上涨的七八年时间里，从容而适时地进行了必要的设备投资。该公司从 20 世纪 50 年代就着眼于国际化经营，在欧洲的主要国家也建立了生产厂，所以也有可能尽早地掌握中东的有关情报。

可见，情报的收集能力和选择能力强的企业，能够比其他企业更早地预见未来，从而迅速而超前他采取对策，防患于未然。

是的，如果能够掌握准确的情报信息，一方面，可以趋利避害；一方面，又可以一发而就。取得和传播新的信息已经成为经济乃至全社会发展的动力，通过对大量情报信息的综合分析摸清市场变化的规律和动向，在"扬长避短"的方针指导下，制定出相应的市场营销措施，必将为企业的发展打开方便之门。

的确，在商战中，信息很重要，有了及时准确的信息，就有了战胜一切的良机。

竞争智慧

◇获取准确的商业情报，做胜利的主宰者。

◇企业家如果能调动起经常活跃在用户周围的推销员的市场调研的担当者的情报意识，就有可能比其他企业更早地获取有价值的情报。

◇情报的收集能力和选择能力强的企业，能够比其他企业更早地预见未来，从而迅速而超前他采取对策，防患于未然。

全方位地获取信息，才能在商场上顺风顺水

【聊天实录】

我：孙老先生，您对竞争中的信息战有何高见？

孙子：我曾说过：凡军之所欲击，城之所欲攻，人之所欲杀，必先知其守将，左右，谒者，门者，舍人之姓名，令吾间必索知之。

我：您这句话该如何解释呢？

孙子：这句话的意思就是：凡是要准备攻打的敌方军队，要准备攻点的敌方城池，要准备刺杀的敌方官员，都须预先了解其主管将领，左右亲信，负责传达的官员，守门管吏和门客幕僚的姓名，指令我方间谍一定要将这些情况侦察清楚。

我：您的意思是说，在战场上，如果能够全方位地获取信息，有利于战事，那么，在高度信息化的今天，商家如果想在竞争中获胜就必须重视情报信息。

孙子：是的，全方位地获取信息，才能在商场上顺风顺水。

⋙ **受欢迎的日本产品** ⋘

　　厚川是日本丰田汽车公司的推销员，他在大学期间已开始在丰田公司工作。1977 年在日本大学毕业后，他已在其责任地段奔跑了近 10 年。他不仅地理熟，而且对责任地段的面积、人口、市场特点，界内拥有丰田汽车数，丰田汽车在市场上的占有率，丰田汽车登记数，随着季节变化而出现的能否畅销的前兆，更换新车的周期，其他汽车公司的动向，推销途径的不同特点等，都是了如指掌。厚川曾说："谈到我负责的几块地段的情况，我要比邮局送信的还清楚。这个地段有什么建筑，有什么公共设施，住着什么样人，差不多我都知道。"正因为他通过自己的努力，掌握了责任地段非常详细的信息，所以工作起来得心应手，业务收效也十分可观。

　　丰田汽车公司的推销员在推销上起决定作用的情报，主要来源于以下几个方面：一是推销员本人精心的搜集，包括家属、朋友、熟人、同学会、经常去买东西的商店等帮助提供；二是有关汽车方面提供的情报，包括用户、司机、停车场、加油站、修配行业、零件经销店、其他公司推销员等；三是本公司内部人员协助，包括上司、司机、服务人员、零件或矿物油推销员、来往客户等；四是其他行业的外交员或推销员，包括银行与保险公司的外交员，销售化妆品、电气用品、缝纫机、家具、副食品、西服、钢琴、贵重金属的商店推销员等；五是有权势的人物，包括议员，县、市、镇、村领导人，公司董事，各团体主事人，政府官员等；六是知识分子团体，包括作家、教授、教员、学者、记者、医生等；七是其他方面人员，包括警官、邮递员、纸烟铺、理发馆等。此外，新闻媒体特别是重要传媒机构地方新闻版和专业传媒机构上刊登的广告、招聘栏以及有关新建或改建房屋、迁移、新企业、升级、人事任免、事故、火灾等项消息，也都会成为很有用的情报，总之，责任区内一切事物的信息他们都要加以注意。

　　丰田公司推销员对有意购买汽车的人，要彻底调查，项目包括：有权决定购买汽车的人，有关人员人品、兴趣、原籍、毕业学校、工作单位、职别和职位、行业、经营内容、使用车辆、经销车的动向等。如顾客有其他公司汽车时，必须把经销条件（减价金额、免费的附件、回收车的折旧率、按月分期付款条件）、商品优越点、评价、推销重点、推销员动态以及对个人的评价、半旧车的处理（库存情况、出售价格）等这些调查项目，在和顾客的谈话中很自然地把它探听出来，这就难怪东京丰田经销店的经理松薄正隆说："丰田汽车是靠情报卖出去的。"

可见，日本的产品在全世界之所以如此受欢迎，除了其质量稳定，性能优越外，有很大一部分是得益于其全面而详细的情报搜集工作。这种用间谋略对企业营销所带来的益处，对人们掌握市场特别是汽车推销商，有很好的借鉴意义。

❧ 要全方位地获取信息 ❧

有的外国学者曾断言：取得和传播新的信息已经成为经济发展的动力，如果不能取得新的信息，这个社会将面临毁灭。我们且不说这一说法是否危言耸听，事实上现实社会，凡是优秀的企业家们没有不重视市场信息的。他们每天所做的事之中了解信息占据着重要的地位，他们通过对大量情报信息的综合分析来摸清市场变化的规律和方向，在"扬长避短"的方针指导下，制定出相应的企业经营策略，为企业的发展开辟广阔的前景。反之，如果一位企业家不了解经营环境变化，单靠拍脑袋，一时心血来潮就拍板做出决定，是注定要吃大亏的。因此，在市场化时代，各种商品只有重视"先知取人"，通过各种渠道掌握准确情报，才能顺利营销。

在现代社会中，有关"间"，可以解释为情报信息及对情报信息的利用，善于利用情报信息，必将成功。

作为了解竞争态势的起点，应该从基本的情况开始，那就是事实。竞争对手的财务状况如何、员工人数多少、生产何种产品、产品有哪些市场？购买对手的

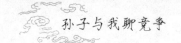

产品并解剖它，弄清对手的制造成本，这些就是事实——它们给你提供了进行分析的基础。

然而要意识到仅有这些事实是不够的，你必须进行深入分析，必须将这些事实与你获得的对手的战略信息结合起来。这些信息可以从对手本身获得，从诸如它的年报、季报、广告、公告中获悉，商业报刊也是信息的来源。经理们喜欢向别人炫耀他们的策略是多么杰出以及他们将如何实施，你可以根据这些信息来了解他们的计划。而且，要仔细观察对手以往的行为：过去它对攻击是如何反应的？它是怎样发动和实施攻击的？它在采取行动之前，管理层发出过什么信号？事先是否有通告？他们进行了什么投资？是否招进了新的人才？应该努力寻找这些信号。

"众树动者，来也。鸟起者，伏也；兽骇者，覆也。尘高而锐者，车来也；卑而广者，徒来也。轻车先出，居其侧者，陈也。"

现在你已经了解到两件事：竞争对手能够做什么，以及目前他的进攻计划。然而，这还不够，你还要知道对手对你的行动将如何反应。

"辞卑而益备者，进也；辞强而进驱者，退也；来委谢者，欲休息也；无约而请和者，谋也。"

知道对手能做什么是不够的，还应知道它将做什么，必须尽可能多地了解竞争对手的公司文化、公司管理者的思想和他的设想。

"凡欲攻战，先须知敌所用之人贤愚巧拙，则量才以应之。"

要找出对方管理企业的经营者的名字，还要知道他们从哪里毕业、他们的经历、他们从哪里获得信息、他们对这个行业的看法、他们愿意承担的风险程度、各种经营目标对他们的重要性以及他们的抱负。你还要知道竞争对手内部在战略上是否有不同意见，以便你可以利用。

汉王遣韩信、曹参、灌婴击魏豹，问曰："魏大将谁也？"对曰："柏直。"汉王曰："是口尚乳臭不能当韩信，骑将谁也？"曰："冯敬。"曰："是秦将冯无择子也。虽贤不能当灌婴，步卒将谁也？"曰："项它。"曰："是不能当曹参，吾无患矣。"

　　要尽可能多地了解对方的人员，经营者是行动迅速还是在采取行动时速度迟缓？他们对你的进攻将如何反应？这些都是你在进攻之前就必须了解的。

　　由此可见，在商场上，建立庞大的情报机构，探听整合对方信息，全方位地获取信息，寻找对方弱点，发现己方优势，就可以击败对手。

竞 争 智 慧

　　◇全方位地获取信息，才能在商场上顺风顺水。

　　◇取得和传播新的信息已经成为经济发展的动力，如果不能取得新的信息，这个社会将面临毁灭。

　　◇善于利用情报信息，必将成功。

重金收买间谍，为我所用

【聊天实录】

　　我：孙老先生，您对竞争中的信息战有何高见？

　　孙子：我曾说过：内间者，因其官人而用之。

　　我：您这句话该如何解释呢？

　　孙子：这句话的意思就是：所谓内间，就是利用敌方的官吏做间谍。

　　我：您的意思是说，您认为要打乱敌方步骤就得应用敌方内间，同时又强调"赏莫厚于间"，主张对间谍要重金收买，现代商战中的许多商谍案例都可以说与重金收买离不开。

　　孙子：是的，重金收买间谍，为我所用。

【解读】　　　　　　岳飞之死

绍兴十年，完颜宗弼毁约南进。岳飞按照其联结河朔、进军中原的方略，遣将联络北方义军，袭扰金军后方；自率主力北上，在民众配合下，充分发挥士气旺盛、训练有素等有利条件，在郾城、颍昌之战中大破金军精骑，击败金军主力。

正当岳飞行将渡河时，高宗、秦桧却向金乞和，诏令各路宋军回师，致使岳飞恢复中原的计划功败垂成。次年，岳飞回临安，被解除兵权，改授枢密副使，十二月二十九日，被高宗、秦桧以"莫须有"的罪名杀害。

秦桧年轻时在太学读过书，政和五年登第，任州学教授。北宋灭亡前夕，任御史中丞。金军攻陷汴京（今河南开封），准备立张邦昌为帝，秦桧独自向金帅上书表示反对，要求由皇储继承宋朝的皇位，因此颇得声名。金帅指名索要秦桧，成为俘虏。到北方后，秦桧见宋朝大势已去，屈膝投降了敌人，很快就成为挞懒的亲信，随军为挞懒出谋划策。秦桧曾替被金朝羁留的宋徽宗起草文稿，呈送金帅粘罕，文稿的主要内容是为金朝献计：与其出兵远征，劳师动众，不如派回一名宋廷旧臣，让他劝谕南宋皇帝自动归顺，世代臣属，年年纳贡，这样就可以"不动一兵一卒，而坐享厚利"。这一计策虽然没有立即被粘罕采纳，秦桧由此却更受金朝统治者的赏识。

建炎四年，金朝统治者接受了建议，改变作战战略，施展了一条更为毒辣的诡计，把已经投降的秦桧放回宋朝去充当奸细。

秦桧突然归来，引起许多官员的怀疑。只有宰相范宗尹与秦桧是故旧，在赵构前极力推荐秦桧的"忠心"，因而得到赵构欣赏。秦桧一见赵构就兜售"议和"妙策，说："如果使天下平安无事，必须是南自南、北自北。"建议与金议和，还请求赵构写信给挞懒"求好"。第二天范宗尹进呈由秦桧代赵构草拟的一份通过挞懒向金朝求和的国书，赵构见后说："秦桧朴忠过人，朕得到了他，高兴得一夜都睡不着觉。"任命秦桧为礼部尚书。绍兴元年（1131年）二月，升为参知政事(仅次于宰相的职位)。七月，范宗尹被罢宰相职。秦桧鉴于朝廷缺相，图谋夺取宰相高位，他制造舆论，声称："我有两个计策，可以耸动天下。"有人问他为什么不讲，秦桧回答说："如今没有人当宰相，不好实行啊！"这话传到赵构耳中，加上正有大臣暗中推荐秦桧，就在八月提拔他做右相兼知枢密院事。

建炎四年，岳飞收复襄阳六郡，六年奇袭刘豫军、击伊阳(今河南嵩县)，收复今豫西、陕南大片土地，刘豫连续被宋军打得弃甲曳兵、狼狈而逃。金朝统治者始知刘豫这一走狗不仅无用，而且还会成为自己的累赘，就在绍兴七年(1137年)十一月下令废黜刘豫，取消齐国政权。挞懒等人主张将河南、陕西地区归还给宋朝，要求赵构向金称臣，贡纳岁币。金熙宗与群臣议定后，就将宋朝在金的使臣王伦放回，让其回报金朝准许和议的消息。十二月，王伦回朝向赵构转达挞懒的口信："好好告诉江南，从此道路无阻，和议可望成功。"还把金朝同意归还"梓宫"(徽宗的灵柩)和皇太后，以及退还河南各州等事告诉赵构。赵构得报，大喜，立即厚赏王伦，决意加紧与金议和。

秦桧深知赵构急于求和的心理，便尽力迎合，同时，打击和排挤所有反对议和的官员，扶植党羽，御史中丞常同、中书舍人潘良贵、参知政事刘大中、左相赵鼎、枢密副使王庶、礼部侍郎曾开等人，都因反对议和而相继被罢官出朝。而趋炎附势、力赞议和的官员，像勾龙如渊、施庭臣、莫将、沈该、孙近等人，受到破格提拔，掌握了弹劾机构御史台等要害部门，以便控制舆论，排除异己。秦桧与赵构沆瀣一气，十分露骨地向金朝统治者乞降，引起宋朝文武官员和广大人民的激烈反对。福建安抚大使张浚连续五次上书，驳斥秦桧等人的谬论。韩世忠连上十多道奏章，要求拒绝议和，发兵决战。

绍兴八年(1138年)十二月，秦桧以宰相的身份，到临安金朝使臣的馆舍，代表赵构跪拜在金使的脚下，诚惶诚恐地接受了金朝的诏书。金朝答应把陕西、河南"赐还"给宋朝，并归还徽宗及其皇后的灵柩；宋朝向金称臣，每年贡银子25万两、绢25万匹。赵构、秦桧一伙就这样违背人民意愿，在抗金斗争相继取得胜利的形势下，使宋朝变成了金的属国。绍兴九年 (1139 年) 正月，赵构以和议达成布告全国，大赦天下，以示庆祝。

正当赵构和秦桧一伙弹冠相庆，以为大功告成之时，金国形势发生了变化。同年七八月间，金熙宗以谋反的罪名处死了挞懒等大臣，提升兀术为都元帅。兀术认为，把陕西、河南疆土归还给宋朝是最大的失策，决意发兵夺回，撕毁和约，下令伐宋。金军分成四路，向宋发动大规模的进攻。赵构、秦桧一伙，一时惊恐万状，为了保全自己的地位和身家性命，只能命各军抵抗。岳飞在郾城、颍昌之战大破金军，击败金军主力，这时金兀术秘密写信给秦桧说："你一天到晚请求讲和，而岳飞却正想进攻河北，还杀我女婿，此仇非报不可，必须杀了岳飞，才可以讲和。"他向秦桧明确提出以害死岳飞为议和的条件。秦桧奉令禀明赵构，遂与其死党在风波亭以"莫须有"的罪名，杀害了岳飞，葬送了南宋北伐收复领土的大业。

可见，堡垒是最容易从内部攻破的，这已是人人皆知的一条定律，从哲学上说，这完全符合内因是变化的依据，外因是变化的条件的原理。收买敌国官吏做己方间谍。在兵家看来，利诱是包治百病的良药。所以，既要防间，更要会用间。

❧ 要善于用重金收买间谍 ❧

随着历史的发展，后世兵家认为，用间不仅仅局限于了解敌人的军机秘要，也可以独立发展成为一种特殊的斗争方式，离间术便是适应这种需要而产生的。为了达到离间的目的，尤其需要使用内间。内间为五间之一种，"内间者，因其官人而用之。"是指收买敌国官吏作为己方间谍。在兵家看来，利诱是包治百病的良药，而用什么手段接近，则是值得研究的问题。兵家主张根据对象的不同特点，采取不同的手段：对对方受宠的人，贿以珍玩珠宝，对对方不得志的人许以高官厚禄。

　　现代社会中，"用间"有时候也可以起到事半功倍的效果，企业竞争中，合理而有效的"用间"是取得商业成功的一大关键，在美国，现在是小公司偷大公司，大公司偷小公司，人人都在相互偷窃。由于科技成果被偷窃，使美国厂商每年的损失达200亿美元以上。现在一些企业公司情报网花样纷繁，手段多样，又十分迅速和准确，但是不论时代怎么变化，他们的用间都没有超出孙子"用间"的范畴。

　　"知己知彼"是目的，"用间"是手段，可以自己正面了解，也可以让别人"替"你了解，甚至让你的竞争对手帮你了解。当然，用"间"的前提是，你不能让"替"你打探消息的人知道了你的心思，否则，这"间谍战"就不灵了。

　　著名的希腊船王曾垂涎于阿拉伯石油的巨大财富，与阿美石油公司展开了一场"殊死"的搏斗。在阿拉伯这片沙漠领地的四周，阿美石油公司已捷足先登筑起一道严密的高墙，取得了开采专用权，任何外人都很难寻到一丝缝隙。阿美石油公司是两家巨大的美国石油公司"埃索"和"德士古"的子公司，在沙特阿拉伯年产石油四千万吨，其雄厚的财力使任何企业不敢与之匹敌。阿美石油公司对沙特阿拉伯石油的开采权，以合同形式明确固定下来，每采一吨石油给王国相当数目的开采费，并由石油公司自己的油轮运往世界各地。面对这一强大的对手，船王准备迎敌。他熟读了所有关于石油开采的文件，对阿美石油公司和沙特之间的协议更是了如指掌，对每一条款都反复揣摩过。他巧用"瞒天过海"的伎俩，避开舆论注意，以度假的名义，带着他的金发美妻和豪华游艇畅游地中海。然后，他将美丽的妻子留在海上，自己秘密访问阿拉伯，在手抓羊肉的盛宴中，他向沙特国王提示，王国与阿美石油公司的协议里没有排斥阿拉伯拥有自己的油船队来运输自己的石油，而这是一笔无法数清的财富。船王提出了美妙动人的建议：用阿拉伯的油船来运输阿拉伯的石油，而不是由挂着美国旗的阿美石油公司来运输，那样王国的利润将会再扩大一倍。终于，船王与沙特酋长达成了密约，这就是举世震惊的吉达协定。协定规定，双方共同组建"沙特阿拉伯海运有限公司"，公司拥有 50 万吨的油船队，挂沙特阿拉伯国旗，拥有沙特阿拉伯油田开采的石油运输垄断权。但万万没有想到的是，一转眼间，这巨大的成功又毁于一旦，一位希腊船东被阿美石油公司重金收买，成为其内奸，他揭露船王以收买和伪造文件的方法骗取了"吉达协定"。还说他自己曾是船王的中间人，被委托周旋在阿拉伯王富贵族之间，使用了许多欺诈手段，他自己也是受害者之一。

这些指控轰动了整个西方世界，沙特阿拉伯国王一下子完全陷入被动的境地，所有的新闻都指向"被愚弄欺骗"的阿拉伯王室。沙特国王终于抵挡不住来自各方面的责难，在一个早晨，把已经签署的"吉达协定"撕得粉碎，并将它称为欺骗和狡诈的事件。阿美石油公司的收买策略一举获胜，希腊船王的所有努力、数十万金钱全都付诸东流。

船王沮丧告别阿拉伯之后，才如梦方醒，后悔不该把自己的秘密让他人知道得过多。

其实，究其原因，间谍的产生都是人的私欲所造成的。人是自私的，就像是在血管里面流动的血液一样，倘若人没有自私这种本性的存在，也不能够称之为人。也更是这种"自私"的本性存在，才让人在思考问题的时候，往往是站在一切"自我"的角度。正因为如此，才产生了推动人类社会进步的原动力——欲望。在很多的时候，人们就是通过对于人性之中所存的这种本性，在一定的"度"内满足人因为"自私"所产生的欲望，而达到自己的目的。

所以说，在商战中，要学会用重金收买间谍，为我所用。

竞 争 智 慧

◇重金收买间谍，为我所用。

◇堡垒是最容易从内部攻破的，这已是人人皆知的一条定律，从哲学上说，这完全符合内因是变化的依据，外因是变化的条件的原理。

◇"知己知彼"是目的，"用间"是手段。

将计就计，用反间计击败竞争对手

【聊天实录】

我：孙老先生，您对竞争中的信息战有何高见？

孙子：我曾说过：反间者，因其敌间而用之。

我：您这句话该如何解释呢？

孙子：这句话的意思就是：所谓反间，就是使敌方间谍为我所用。

我：您的意思是说，战场上的情报决定胜败，而商场上的情报则价值连城，谁能先获得情报，谁就能率先发展，就能战胜对手，也就是说能够"捷足先登"。那么，在当今社会，正是基于这个原因，商家一定要千方百计保护自己的机密不被别人窃取。正像您说的，"无所不用间也"，如果不小心，就可能泄露最紧要的机密，让别人窃取。

孙子：是的，商业间谍无处不在，情报决定商场胜败。

【解读】 ❧ 皇太极用反间计除掉袁崇焕 ❧

在宁远战役中，努尔哈赤受重挫，没过多久受重伤，努尔哈赤去世了，袁崇焕特地派使者到沈阳假意去吊丧，其实是为了探听后金的动静。皇太极对袁崇焕窝了一肚子的怨恨，但是因为后金刚打败仗，军队需要休整，再说他趁机也想试探一下明朝的态度，所以，不但接受了袁崇焕的使者，还派使者到宁远去表示感谢。双方表面上缓和下来，背地里却都在加紧准备下一步更加激烈的战斗。

第二年，皇太极亲自率领大军攻打明军。后金军兵分三路南下，先把锦州城团团包围起来。袁崇焕料定皇太极的进攻目标是宁远，决定自己留在宁远率兵防守，派副将带领4000骑兵援救锦州。援兵还没出发，皇太极已经带兵攻打宁远了。

袁崇焕亲自出战，到城头上督战下令用大炮猛轰后金军。同时，城外的明军援军也和城里的兵士内外夹击，把后金军赶跑了。皇太极见攻城失利，就把人马撤到锦州。但是锦州的明军守得非常严实，加上天气转暖，后金军士气消极不振，皇太极只好退兵。

这次袁崇焕又打了一个大胜仗。可是，以魏忠贤为首的阉党却把功劳记在自己名下，反而责怪袁崇焕没有亲自率兵去救锦州。袁崇焕知道魏忠贤有心为难他，迫于魏忠贤的淫威，他辞去了职务。

1627年，昏庸无能的明熹宗得病死去，他的弟弟朱由检即位，就是明思宗，也叫崇祯帝（崇祯是年号）。

崇祯帝早就了解魏忠贤作恶多端、专横跋扈、民愤太大，他一即位，就宣布了魏忠贤的数条罪状，把魏忠贤充军发配到凤阳。魏忠贤知道自己十恶不赦，肯定活不成，在半路上服毒自杀了。

崇祯帝整治了阉党以后，又给杨涟、左光斗等人平反了冤狱，此时，许多大臣请求把袁崇焕召回朝廷。崇祯帝接受了这个意见，并且提拔袁崇焕为兵部尚书，负责指挥整个河北、辽东的军事。崇祯帝问他有什么计划与打算，袁崇焕说："只要给我指挥军事的大权，朝廷各部一致配合，我敢说不出5年，就可以恢复辽东。"

崇祯听了十分高兴，感到袁崇焕确实有雄才大略，是个难得的将领，于是下令给袁崇焕一口尚方宝剑，准许他全权行事。

袁崇焕重新回到宁远，选拔人才，整顿队伍。当时的东江总兵毛文龙作战不力，却又屡次虚报军功，不服从袁崇焕的指挥。袁崇焕一气之下，使用尚方宝剑，把毛文龙杀了，这件事震惊全军上下，没有谁敢违抗他的命令。

皇太极上次打败仗，一直在伺机反击，他知道宁远、锦州防守十分严密，决定改变进兵路线。于1629年10月，率领几十万后金军，从龙井关、大安口（今河北遵化北）绕到河北，直扑明朝京城北京。

这一招大大出乎袁崇焕的意料，给袁崇焕一个措手不及。袁崇焕赶快下令出兵，想在半路上把后金军拦住，可是已经来不及了。后金军长驱直入，一直来到了北京郊外。袁崇焕带着明军刚到北京，没顾上休息，就和后金军展开激烈的战斗，其他几路前来增援的明军，也陆续赶到，投入战斗。

后金军大举进攻北京，这消息引起了全城震动。崇祯帝坐卧不宁，不知该怎么办才好，后来听说袁崇焕带兵赶到救驾，心才安定了一些。他亲自召见袁崇焕，慰劳了一番。然而一些魏忠贤的余党此时却散布谣言，说这次后金军绕道进攻北京，是袁崇焕故意引进来的，说不定里面还有什么更大的阴谋。

崇祯帝是个猜疑心极重的人，听了这些谣言，也有些怀疑起来。正在这个时候，有一个被金兵俘虏去的太监从金营设法逃了出来，向崇祯帝密告，说袁崇焕和皇太极二人已经订下密约，袁崇焕要出卖北京。这个消息像晴天霹雳，把崇祯帝吓呆了。

原来，明朝有两个太监被后金军俘虏去以后，被关在金营里。一天晚上，一个姓杨的太监半夜醒来，听见两个看守他们的金兵在外面轻声地谈话。

一个金兵说："今天咱们临阵退兵，完全是皇上（指皇太极）的意思，你可知道这其中的原因吗？"

另一个说："什么原因？"

一个又接着说："刚才我就看到皇上朝着明营的方向急走，明营里也有两个人过来，他们谈了好半天话才回去。听说那两个人就是袁将军派来的，他已经跟皇上有密约，眼看大事就要成功啦……"

姓杨的太监偷听了这番话，趁看守他的金兵不注意，偷偷地逃了出来，跑回皇宫向崇祯帝报告，崇祯帝听了后信以为真。他哪里知道，这恰恰是皇太极预先布置的反间计。

崇祯帝大怒，命令把袁崇焕押进死囚大牢。

有个大臣知道袁崇焕平日忠心为国，绝无他意，觉得这件事情非常蹊跷，于是就劝崇祯帝三思而行，崇祯帝拒绝大臣的良言劝告，一意孤行。第二年，袁崇

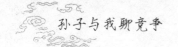

焕被崇祯帝处死。

皇太极用反间计除掉了对手袁崇焕以后，就退兵回到盛京。从此以后，后金越来越强大。1635 年，皇太极把女真改称满洲；1636 年，皇太极在盛京称帝，改国号为清，皇太极就是清太宗。

反间计确实很厉害，轻可以使对手输上一阵，中可以使对手丢掉左膀右臂，重可以使对手丧身亡国。反间计在商业场中也是经常被派上用场。在经济斗争中也，使用它常能不露声色地击败对手。

要善于用反间计击败竞争对手

有"用间"就有"反间"，自古以来它们就是敌对双方交战中惯用的较量手段之一。反间是五间的一种，所谓反间，就是收买或利用敌方派来的间谍，使其为我方所用。反间计的内容是以假乱真。其方法包括两个方面：一是敌方间谍被我方发现或捕获后，不是公开审判，而是暗中以重金收买，使他变为在我方控制下给敌方提供假情报的双重间谍。二是我方发现了敌间谍，并摸清了他的来意，但不露声色，装得像根本不知道一样，采取将计就计的办法，为他透露一些假情报。敌人以假当真，我方则可以利用敌人的错误达到目的。

对于"用间"方来说，"间"是在暗处，被侦察方在明处，反过来，反间时，间谍此时已经暴露在明处，反间方变成在暗处。这种"用间"和"反间"双方的斗争有时是非常激烈和惊心动魄的，因此，无论哪一方都要通过精心策划并运用高超的技巧来取得对方的信任，它是高度的智慧和胆识的体现。

1936 年，"面粉大王"鲜伯良经营的重庆复兴面粉公司曾与当地粮商有过一次较大的交锋。当时四川干旱，粮商囤积居奇，重庆粮价居高不下，影响了复兴厂的原料收购。而此时汉口粮价仍然平稳，由汉口运粮至重庆出售，虽然不获利，但不至于亏本。于是鲜伯良便施展"醉翁之意不在酒"的手段，在汉口买面粉三千包运至重庆出售；一面将向汉口福新厂订购十万包面粉的假合同一份寄往重庆，视作"密件"保存，但又让负责重庆收购粮食的厚生商行经理粟玉泉有窃见之机。鲜所以对粟不明白相告，是既防他在紧要关头与粮商联合起来对付自己，同时又使自己的助手都不知是假合同而信以为真，对于实现鲜的全部计划更为有利。果然粟玉泉中了"蒋干盗书"之计，将此消息外泄，粮商眼见汉口面粉不断运来，却不见复兴厂在市场采购原料，也就确信了合同，争相脱手，面粉价格从而直趋下落，复兴厂便乘机购进小麦一万四千石，战果相当可观。

在当代，某些外国企业集团，利用现代科学技术，其"反间"活动更是五花八门，手段亦狡猾阴险。如美国国际商用机器公司，为窃取日本日立、三菱两公司的新技术，就是巧用"反间计"，采取"佯为不觉"，虚虚实实，设饵诱敌，终于使日本在那次"电脑战"中出局。此外，"反间计"并非都是用诡秘的手段暗中进行，也有在公开的微笑外交中巧妙进行的。如有些日本企业负责人，接待外商、外公司人员时，和美国一般经理的拒而不见或敷衍塞责的"待客"风格不一样，他们通常都是殷勤相待，热情备至。其如此"好客"的目的，在于使对方感到亲切、热诚，犹如故交，从而放松"戒备"，在谈笑之间便巧妙地套取所需的情报。其策略是：你摸我的底你摸不着，我摸你的底你不知道。这种寓攻于守、"顺理成章"的高超手法，确实堪称妙用"反间计"了。

"五间俱起，莫知其道。"而对谍海风云，《孙子兵法》强调对所有的情报都要冷静对待，分清真伪。"非微妙不能得间之实。"同时指出误判情报的严重后果："间事未发，而先闻乾，间与所告者皆死。"在商战中，用间不成，误判情报，被人反间的案例比之皆是，所以商家不得不要提高自己的情报判断力。

在20世纪70年代中期的一场"世纪工程"夺标大战中，韩国企业家郑周永便是运用"将计就计，反间为计"的谋略大获全胜的。

1975年，石油富国沙特阿拉伯对外宣布了一个惊人的决定：在本国东部杜拜

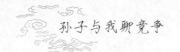

兴建大型油港，预算总额为 10 亿 ~15 亿美元，并向全世界各大承建公司公开招标。

这项工作十分庞大，堪称"20 世纪最大的工程"。此消息真是风靡世界各国，立即引起世界建筑商们的关注，其中跃跃欲试者有之，望而却步者也有之。

1976 年 2 月，战云密布，大军压境，一场惊人的"世纪工程"夺标大战拉开帷幕。

这时，号称"欧洲五大建筑公司"的联邦德国"莫力浦·霍斯曼"、"朱柏林"、"包斯卡力斯"，英国的"塔马"，荷兰的"史蒂芬"，已早早踏土了这个海湾小国，企图打败竞争对手，夺标取胜。另外，美国、法国、日本等国家的头号建筑公司也匆匆从远道赶来，决意参与这场大角逐。

最后一个到来的，是韩国郑周永率领的现代建设集团，尽管这是个姗姗来迟者，但他却是竞争中的强者。

于是，有的公司表示愿意同他合作，一起承包工程；也有的干脆提出，只要他退出竞争，马上就支付一笔可观的现金做补偿。

这位郑周永到底何许人也？竟令这些赫赫有名的企业巨子如鼠见猫一样？

郑周永出生在韩国一个贫寒的农家，小学没毕业就远离家乡打工谋生。1940 年，他凭自己的一点积蓄开办一家小修理店。1947 年，他又创办了现代土建社，不久便扩展为现代建设集团。在郑周永的领导下，现代建设集团的员工刻苦努力，一跃成为韩国建设业的霸主。他曾用 10 分钟时间，就击败了所有对手，中标承建了被称为韩国"檀君开国以来最大的工程"。自此，郑周永被同行攻击为"阿拉斯加来的土匪"，似乎这位名不见经传的山村无名小辈是二位不讲规矩的粗野土匪，而土匪的野性又造就了他的冒险精神和置生死不顾的可怕行为。

正是这一点，才使欧美的建筑巨子心怵。

"世纪工程"的招标还未正式开始，许多英雄豪杰在暗暗地使用技巧，施展法术。

一天，郑周永的好友、大韩航空公司社长赵重勋突然来找郑周永。

好友重逢，显得十分热情。赵重勋盛情邀请郑周永去喝酒叙旧，郑周永再三推辞不过，只好应邀赴宴。

他们找到一间幽静的小单间，边喝边聊起来。酒过三杯，赵重勋突然对郑周永说："郑兄，这桩工程可是块难啃的骨头呵！""就是再难啃，我也有把握把它啃下来！"郑周永胸有成竹地说。

"唉，你何苦非要冒这个险呢！"接着，赵重勋压低嗓门说，"只要你肯退出来，你还可以不劳而获，得到一笔可观的意外之财，何乐而不为呢？"

郑周永暗吃一惊，这才知道老友的意思，却不动声色地问："有这样的好事？"

赵重勋以为对方动心，便干脆把话挑明："不瞒老兄，是法国斯比塔诺尔公司委托我来劝你的。他们说，只要不参加竞争，他们立刻付给你1000万美金。"

郑周永暗暗冷笑："法国人也太小瞧我了，这点小钱就想打发我退出！他沉吟了一阵，想出了一条妙计。"

"赵兄的好意，小弟心领了，但这桩工程我还是争定了。"

"唉，两头都是朋友，我也是为你们着想。"赵重勋不免有点失望。

这时，郑周永举杯一饮而尽，抱歉地说："赵兄，失陪了，我还有件紧急的事要办。"

"什么紧急的事？我能帮你吗？"

"唉，还不是为那1000万保证金……"郑周永故意把话"闸"住，于是他"满怀气愤"地告别老友，赵重勋回去就将这事告诉了斯比塔诺尔公司。

法国人得知这一"情报"后，就开始在郑周永的投标报价上做文章，按照投标规定，中标者需要预交工程投标价格的2%的保证金。由此，他们便判定郑周永的现代建设集团的投标报价可能在20亿美元左右，最少也在16亿美元以上。

然而，这正是郑周永的良苦用心，他也想通过朋友的嘴给对方一个"回报"。

在此期间，郑周永频频利用"假情报"向其他竞争者施放烟幕弹，设置假象，来迷惑对手的阵式。

在郑周永的那间封闭保密的会议室，灯火通明，气氛紧张，郑周永正在为他的决战做最后准备。

在报价问题上，郑周永甚是煞费心机，他仗着自己旗下的现代重工业及造船厂等大企业能够提供前线大量廉价的装备和建材，仗着自己建立起来的"桥头堡"，决心使出撒手锏"倾销价格"，来力排群雄，在竞争中大获全胜。

起初，他经过分析和借鉴国外建设工程价目表，初步拟定了总体工程报价为 12 亿美元。

尔后，经过再三思虑后，郑周永对初始报价 12 亿美元先后进行了 25% 和 5% 的两次削减，最后定为 8.7 亿美元。

对此，他的高级助手田甲源持反对态度，认为削减到 25%，即 9.3114 亿美元就可以了。但是郑周永却一意孤行，他认为在投标报价问题上，不同于比赛，它只有第一名，没有第二名，要想取胜，报价必须通过强烈的竞争，尤其是在大型项目上更要有十拿九稳的把握。

1976 年 2 月 16 日，这是决定郑周永与他的现代建设集团走向世界的关键一刻。

现代建设集团的投标代表是田甲源，然而这位肩负重担的田甲源先生却在关键性的最后一刻钟里自行其是，在投标价格表上填上 9.3114 亿美元。填完报价数目后，田甲源怀着胜利的信心走进工程投标最高审决办公室。

那里的工作人员紧张地忙碌着，整个办公室里就像一张巨大的针毡，田甲源坐也不是，站也不是，当他听到主持人说美国布朗埃德鲁特公司报价 9.044 亿美元时，刹那间他脸色苍白，踉跄地走到郑周永面前，含含糊糊地说："郑董事长的决定是对的，我……我没有照你的办，结果比美国人多……多了 300 万美元。我们失败啦！"

郑周永看到田甲源难受的样子，感到中标已没希望啦，他真想给田甲源一记响亮的耳光，然而这里毕竟不是韩国，而是"世纪工程"的招标会议室。

正当他拔腿想要离开会议室的一瞬间，另一个助手郑文涛打着招呼，激动万分地从仲裁室跑到郑周永面前大声地喊道："董事长，我们胜利了！我们成功了！"

郑文涛的消息使现代建设集团的所有在场的人员都像木偶似的，他们不知所措，到底是田甲源错了，还是郑文涛对了？真让人大惑不解。

原来，美国布朗埃德鲁公司的报价是分两部分进行的，仅上部分就是 9.0444 亿美元，相比之下，田甲源填的 9.3114 亿美元的报价是最低报价。

当沙特阿拉伯杜拜海湾油港招标仲裁委员会最后宣布现代建设集团以 9.3114 亿美元的报价摘取这项 20 世纪最大工程的招标桂冠时，在场者都像中了什么法术似的，个个呈现一副惊呆之状，郑周永对自己也不敢相信，更何况田甲源呢？

对于这个报价，西方的所有强劲对手都惊愕不已，他们觉得受了郑周永的骗，尤其是那些法国人，他们老羞成怒地骂他是"骗子"、"土匪。"

在这场没有硝烟的商战中，郑周永成功地使用"反间"之计，以逸待劳，击败了所有的竞争对手。

所以说，要学会将计就计，才能用反间计击败竞争对手。

竞 争 智 慧

◇将计就计，用反间计击败竞争对手。

◇堡垒是最容易从内部攻破的，这已是人人皆知的一条定律，从哲学上说，这完全符合内因是变化的依据，外因是变化的条件的原理。

◇"知己知彼"是目的，"用间"是手段。

巧用信息，才能捷足先登

【聊天实录】

我：孙老先生，您对竞争中的信息战有何高见？

孙子：我曾说过：此兵之要，三军之所恃而动也。

我：您这句话该如何解释呢？

孙子：这句话的意思就是：这是用兵的关键步骤，整个军队都要依靠间谍所提供的敌情来决定军事行动。

我：您的意思是强调作战前的情报收集，不打无准备的战争，认为情报是"三军之所恃也"。而在商战中，信息就意味着商机，抢得商机，就能先发制人。一个精明的商人是不会放过任何一点有用的信息的。现在，我们身处信息时代，信息就是我们创业的基础，所以，捕捉信息，就是商战成功的关键之一。

孙子：是的，巧用信息，才能捷足先登。

【解读】　　"龙衣凤裙"的诞生

金娜娇，京都龙衣凤裙集团公司总经理，下辖9个实力雄厚的企业，总资产已超过亿元。她的传奇人生在于她由一名曾经遁入空门、卧于青灯古佛之旁、皈依释家的尼姑而涉足商界。

也许正是这种独特的经历，才使她能从中国传统古典中寻找到契机；又是她那种"打破砂锅"、孜孜追求的精神才使她抓住了一次又一次人生机遇。

1991年9月，金娜娇代表新街服装集团公司在上海举行了隆重的新闻发布会，在返往南昌的回程列车上，她获得了一条不可多得的信息。

在和同车厢乘客的闲聊中，金娜娇无意得知清朝末年一位员外的夫人有一身衣裙，分别用白色和天蓝色真丝缝制，白色上衣绣了100条大小不同、形态各异的金龙，长裙上绣了100只色彩绚烂、展翅欲飞的凤凰，被称为"龙衣凤裙"。金娜娇听后欣喜若狂，一打听，得知员外夫人依然健在，那套龙衣凤裙仍珍藏在身边。虚心求教一番后，金娜娇得到了"员外夫人"的详细住址。

这个意外的消息对一般人而言，顶多不过是茶余饭后的谈资罢了，有谁会想到那件旧衣服还有多大的价值呢？知道那件"龙衣凤裙"的人肯定很多很多，但究竟为什么只有金娜娇才与之有缘呢？用上帝偏爱金娜娇来解释显然没有道理，重要的在于她"懂行"，在于她对服装的潜心研究，在于她对服装新信息种的渴求，在于她能够立刻付诸行动。

金娜娇得到这条信息后心更明眼更亮了，她马上改变返程的主意，马不停蹄地找到那位近百岁的员外夫人。作为时装专家，当金娜娇看到那套色泽艳丽、精工绣制的龙衣凤裙时，也被惊呆了，她敏锐地感觉到这种款式的服装大有潜力可挖。

于是，金娜娇来了个"海底捞月"，毫不犹豫地以 5 万元的高价买下这套稀世罕见的衣裙。机会抓到了一半，开端比较运气、比较顺利。

把机遇变为现实的关键在于开发出新式服装。回到厂里，金娜娇立即选取上等丝绸面料，聘请苏绣、湘绣工人，在那套龙衣凤裙的款式上融进现代时装的风韵。功夫不负有心人，历时一年，设计试制成当代的龙衣凤裙。

在广交会的时装展览会上，"龙衣凤裙"一炮打响，国内外客商潮水般涌来订货，订货额高达 1 亿元。

就这样，金娜娇从"海底"捞起一轮"月亮"，她成功了！从中国古典服装出发开发出现代型新式服装，最终把一个"道听途说"的消息变成一个广阔的市场。她的成功给我们很大的启发。

这也即是著名的成功学家拿破仑·希尔所说的"成功的神奇之钥"。

可见，要培养敏锐的洞察力，就需要我们平日就要多加留心身边的各种事物。

然而，光有信息还是不够的，还要对信息进行具体的分析，这样才能得出正确的结论，做出正确的抉择。如果有了信息而不对它进行仔细的分析研究，那么信息始终只是一些粗略的表面现象，你也就永远无法触及实质。因此，在我们通过观察获得信息之后，要充分发挥自己的主观能动性，对表面的现象进行深刻、仔细的研究分析，把握实质性的东西。

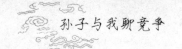
要学会巧用信息

从市场以外的蛛丝马迹中得到信息，同时发现信息的价值，并及时将它运用到商战中，可以收到奇效。

美国企业家亚默尔公司的创始人菲力普·亚默尔具有惊人的敏锐目光。

美国南北战争快要结束时，市面上的猪肉价格十分昂贵。亚默尔深知：这都是战争造成的，一旦战争结束，肉价就会猛跌。亚默尔有读报的习惯，一天，他拿起一份当天的报纸，看到了一则极普通的新闻报道：一个神父在南军将军的管区遇到一群儿童，他们是李将军下属军官的孩子，孩子们抱怨说：他们已有好些天没有吃到面包了，父亲带回来的马肉很难下咽。亚默尔即得出如下判断：李将军已到了宰杀战马充饥的境地，战争不会再打下去了。

亚默尔立即与当地销售商签订了以较低的价格售出一批猪肉的销售合同，条件是：付货时间推迟几天。

果然，战争结束了，猪肉的价格暴跌，亚默尔从这笔交易中轻松地赚了100万美元。

1875年春天，亚默尔又从报纸上看到一则消息：墨西哥发生疑似瘟疫的病例。亚默尔正在经营肉类生意，他想："倘若真的是瘟疫，临近墨西哥的加利福尼亚州和得克萨斯州将会受到波及，而这两个州是全美国肉类的主要供应点。"亚默尔毫不迟疑地带领家庭医生到了墨西哥，确证了瘟疫的真实性，回到美国，倾力买下全加州和得州的生猪和肉牛，把它们赶到美国的东部。

不久，墨西哥的瘟疫向美国袭来，美国政府下令关闭加州和得州的肉类市场，不许这两个州的一切食品外运，以免波及全美国，顿时，全美国的市场上，猪肉、牛肉的价格暴涨。

短短几个月，亚默尔就赚了900万美元。

以上事例中的企业家，大都是因为善于观察和思考，从而在生意场上大获成功的。他们充分利用自己敏捷的思维，很快就做出正确判断，发现其中蕴涵着无穷的商机。从他们成功的经验来分析，如果不是仔细观察和分析研究，就不会取得如此辉煌的成就。当然，他们的顽强意志、相机而断以及所具有的相关知识，也为他们的成功提供了很多有利条件。但是，我们不可否认，在他们成功的事例中，敏锐的洞察力起了决定性的关键作用。如果是一般人，很可能就随意地放过这个看似微不足道却大有潜力的信息，而聪明的人不仅捕捉到了它，而且还进行了缜密的考虑，确定了自己经营的目标，从而取得了巨大的成就。

所以说，巧用信息，才能捷足先登。

竞 争 智 慧

◇巧用信息，才能捷足先登。

◇在商战中，信息就意味着商机，抢得商机，就能先发制人。

◇一个精明的商人是不会放过任何一点有用的信息的。

知彼知己，百战无不利

【聊天实录】

我：孙老先生，您对当今社会竞争中的信息战有何高见？

孙子：我曾说过：知彼知己者，百战不殆；不知彼而知己，一胜一负；不知彼，不知己，每战必殆。

我：您这句话该如何解释呢？

孙子：这句话的意思就是：了解敌方也了解自己，就会常胜不败；不了解对方但了解自己，胜负的几率各半；既不了解对方又不了解自己，每战必败。

我：您的意思是说，只有了解敌我情况，才能取胜。那么。在当今国际竞争情况下，企业要了解竞争环境中的各种因素，如竞争对手、消费者需求变化、政府法律法规变化、技术创新、营销环境等。只有全面了解这些因素，才能领先竞争对手，并采取相应的措施来削弱其优势，增强自己的实力。在国际竞争中，企业决策者的决胜之策在于正确运筹的判断艺术，而"知彼知己"，是企业决策者正确判断的基础。

孙子：是的，知彼知己，百战无不利。

日本石油化工设备公司成功运用"知彼知己"

【解读】一家石油化工设备公司，在我国大庆油田的设计投标中一举获胜，就是成功运用知顾客之彼的典型事例。

在大庆油田开发初期，该公司通过一份中国画报封面上的王进喜的一张照片，从他身穿皮大衣，背景是漫天大雪中推断出，大庆油田可能在东北某地。后来，该公司又从《人民日报》的一条新闻报道中知道王进喜到了马家窑，并说了一声"好大的油田"，由此推断出，马家窑是大庆油田中心，1966年该公司又从报纸上得知王进喜出席了全国人民代表大会，由此推断，大庆出油了，否则王进喜当不了人大代表。后来公司又收集到一幅钻塔照片上的钻台手柄的架势推算出了油井的直径，又根据我国国务院工作简报估算出了大庆的产油量。当大庆油田出油后，我国向全世界各国征求油田设计方案时，日本石油化工设备公司将其长期积累的信息加以综合分析，并根据这些情况提出了设计方案，结果该公司一举击败英、法等国公司顺利中标，这不能不说是其深知顾客之彼的胜利。

知彼知己，百战不殆

在今天看来，孙子所讲的"知彼知己，百战不殆"蕴涵了丰富的情报思想。世界上许多国家都把情报工作作为国家安全发展战略的基础部分，是国家安全的支柱。任何国家在做出决策时，特别是一些重大的政治、外交、军事政策时，一份有价值的战略情报一旦被使用甚至可以抵得上百万雄师。1967 年阿以战争中，以色列事先获得阿军的进攻战略部署，同时监听到阿军的高级军事会议，这些情报使以军在阿军发起进攻前就给阿军以毁灭性打击。

可见情报在战争中可以影响战斗进行、战略战术的制定而且影响战术的运用，在一定程度上决定战争的胜败。从宏观上讲，情报是经济发展、科学发展的保证。经济情报和科技情报显示着一个国家的经济、科技的发展动向，为国家制定经济、科技的发展战略提供依据。特别是一份科技情报的获取，不仅可以使己方避免耗费大量人力财力时间去研发，而且能迅速地运用到生产中并创造出巨额的财富。

过去很多战争都是为了控制主要生产要素和财富与实力的来源而进行的，古代的农业社会是为了控制土地而战，近代是为了控制矿藏、资源和财富与工业基础而战，日本和德国发动的侵略战争即是如此，到了 21 世纪，"信息"将成为主要的生产要素和财富与实力的来源。由此，相应的战争形式从传统战争过渡到了信息化战争。在信息化战争中，由于信息化装备主宰战场，距离将不再是作战中的障碍，因而可实现"不战而屈人之兵"，使人类从古至今的愿望真正变成现实。

在当今尖锐复杂的国际商战中，围绕经济技术情报，世界上一些发达国家之间正不间断地较量着，这就是经济情报战。哪个国家占有优势的经济情报，就意味着哪个国家经济就能繁荣。从古到今，日本一向是非常重视谍报工作的国家之一，其谍报工作广泛深入到商业、科技等领域中，在国民经济发展中发挥了重要作用。正是由于日本高度重视技术经济情报和信息的搜集、利用，所以在第二次世界大战后，经过 30 多年的时间，国民经济有了突飞猛进的发展，现已成为世界主要经济大国。《日本情报机构秘史》的作者理查德·迪肯明确指出，在发展和完善《孙子兵法》所阐述的情报原理和实际运用上，日本人取得的效果远远超过中国人。

由此可见，"己"指的是自身条件和内部环境，包括财物、物力、人才、技术、经营场地、地利条件、商品种类、商业信誉、商品来源等。"彼"既可以指竞争对手，又可以指贸易伙伴，总之，与之进行业务往来的团体或个人，都可以称之为"彼"。"知彼"就是要通过各种方式、方法、手段，了解对方的经济实力、商业信誉、人员素质、技术力量、管理水平、发展趋势、经营动态等。若是竞争对手，"知彼"更要探明对方的强弱虚实、长短优劣，这样我们便可以避实击虚，扬长避短，攻击其弱点。

是的，要想成功，要想找出对手的劣势，就必须按孙子所说的去做，"一定要从熟知敌情的人那里获得情报"，必须"探索对方的详细情况"。如此一来，就可以通过深谙己方与对方的各种利弊条件，从而利用有利于己方的一面应对敌人的不利一面，以己方之强手攻对方之软肋，扬长避短，最终取得胜利。

竞 争 智 慧

◇知彼知己，百战无不利。

◇"知彼知己"，是企业决策者正确判断的基础。

◇通过深谙己方与对方的各种利弊条件，从而利用有利于己方的一面应对敌人的不利一面，以己方之强手攻对方之软肋，扬长避短，最终取得胜利。

第五章

孙子与我聊竞争要有团队精神

　　21世纪，没有完美的个人，只有完美的团队。张瑞敏也曾说过："企业最大的财富不在有多少资产，而是人才。"是的，在知识经济时代，人才的竞争日趋激烈，企业经营管理的一项重要任务就是通过激励机制，吸引、留住人才，激发员工工作的热情和创造力。当然，企业管理者如果能把企业的人才凝成一股绳，培养起一支钢铁长城般的团队，那么，企业将无坚不摧，将会在竞争中永远立于不败之地。

民与上同意，和谐团队无坚不摧

【聊天实录】

我：孙老先生，您对竞争要有团队精神有何高见？

孙子：我曾说过：道者，令民与上同意也，故可以与之死，可以与之生，而不畏危。

我：您这句话该如何解释呢？

孙子：这句话的意思就是：所谓道，是指君主和民众目标相同，意志统一，可以同生共死，而不会惧怕危险。

我：您的意思是说，"道"是要让百姓与国君有统一的意愿与理想，同心同德，做到为了实现共同的理想可以同生死，共患难，而无所畏惧。要是能达到这个境界，连生死都可以置之度外，那还有什么艰险不能逾越，还有什么困难不能克服？企业一般并不涉及生死问题，但让全体职工都能很好地理解与贯彻企业的奋斗目标、发展方向，从而为之贡献出自己的聪明才智与力量，同样决定着企业兴衰成败的命运。

孙子：是的，民与上同意，和谐团队无坚不摧。

【解读】 做到"令民与上同意"，才能突破困境

在当前，深化改革中很多企业面临减员增效的任务，更加需要职工的理解与支持，"令民与上同意"就更具有现实性了。

沈阳的东北制药总厂是我国制药业的骨干企业，过去曾是赢利大户，它的产品之一维生素C在国内市场有很大的占有率，并且出口。但20世纪90年代中期国际上维生素C大幅度降价，造成该厂大量亏损，几乎濒临倒闭。后来通过全厂

职工投票，请回了原来在该厂工作过的陈钢回来主持工作。他看到有六种产品亏损，越生产亏损越大，债务累累，于是就向全体职工说明情况，说现在全厂万名职工如同坐在一条大船上，现在船将沉没，我们不能坐以待毙，必须寻找生路，所以决定把六种亏损产品的生产线停产。这样就会有4200人下岗，但厂里没有把下岗职工推向社会，在一段时间内工资照发，然后逐步递减。企业要努力在改革过程中再创造新的工作岗位，到时候再把大家请回来。这些精神反复向大家讲清楚，宣传材料人手一册，结果得到大家的理解与支持，企业保持了稳定。经过两三年的努力，企业扭亏为盈，面目一新，还清了银行贷款与拖欠的税款，并且创造了3000个新的工作岗位。试想如果不是开诚布公地把困难与措施真心实意地与职工讲清楚，做到"令民与上同意"，能这样平稳地摆脱困境，走向新的境界吗？

根据上述事例可见，两千多年前我们祖先的光辉哲理，对今天面临新的挑战的炎黄子孙仍然是一笔巨大的精神财富，仍然可使现代人受益。

和谐团队无坚不摧

"令民与上同意"，就是民众与国君的意愿相一致，这样，民众在战争中就可以为国家出生入死而不怕危险。那么，这句话放在商战中，就是要把人的因素放在第一位，人的因素又集中表现在"民与上同意"，即上下一心。

人心向背是事业成败的关键，这已经成为古老的中国政治智慧的结晶。古往今来，凡兴国安邦之君大多都能认识到，政治的成败，在于统治者对于民众的态度和随之而来的民心向背。今天人们越来越认识到，"上下同心"的道理包含的不仅仅是治国安邦的智慧，也越来越多地体现在人们的管理理念当中。

国内外成功企业的经验表明，在企业里信息共享是调动职工积极性的重要措施之一。要"令民与上同意",首先要把上面的意图让大家知道,这就不单要把企业的年度计划、重大的技术改造和技术进步措施、新产品开发和新市场开拓等目标,以及涉及职工切身利益的有关措施等向职工传达清楚,更要把企业在经营中的进展情况、取得的成绩和遇到的问题和困难定期地向职代会或以其他组织形式向大家报告,使职工感到自己真正成为企业这个大家庭中的一员,"企业兴亡,匹夫有责",分享企业的成就,因为其中也有一份自己的贡献,同时也要分担企业的忧患,为解决面临的困难和问题,积极向领导和有关部门献计献策。

市场经济下,企业的出发点与归宿都在市场,而市场是由顾客组成的。不论经营环境会发生多大的不可预测的变化,也不论前景的不确定因素会出现多少,贴近顾客,使顾客满意,才是企业自身立足之本,这一条是不会变的。

企业的生存发展主要取决于使顾客对你的产品和服务感到满意,这个道理谁都明白,但是顾客实际上有内外之分。企业要使外部与你成交的顾客满意,首先要使自己内部的顾客满意。所谓内部顾客,就是指企业的职工,要是职工不能满意,心情不舒畅,甚至怨声载道,那如何可能期望他们会和颜悦色地面对外来顾客而让他们感到满意呢?

因此,这又涉及团结职工的重要性。

但是,又如何去实现"令民与上同意"呢?换句话说,如何在一个企业里使大家都想到一起,又自觉地干在一起呢?要使职工形成共同的价值取向,产生共同语言,塑造企业文化就成为现代企业创建精神文明的一项重要内容。思想政治工作本来就是我们一项传统优势,但20世纪五六十年代灌输式的办法已不能完全适用于新一代的年轻人。企业文化实质上是我们思想政治工作在新时期的延伸和发展,它是从本企业过去的经营实践中总结、提炼出来的一些好的、成功的,同时又是行之有效的经验,在企业内达成共识,把教育职工寓于经营管理的全过程,同时也寓教于乐,采取大家喜闻乐见的形式,"润物细无声",使群众从各种活动中接受教育,形成共同的价值观念与共同语言。这样相互间就容易沟通,容易形成大家可接受的是非标准。

为此，只有"令民与上同意"，和谐团队才能无坚不摧。

竞 争 智 慧

◇民与上同意，和谐团队无坚不摧。

◇人心向背是事业成败的关键，这已经成为古老的中国政治智慧的结晶。

◇"上下同心"的道理包含的不仅仅是治国安邦的智慧，也越来越多地体现在人们的管理理念当中。

只有上下精诚团结，才能商战无敌

【聊天实录】

我：孙老先生，您对竞争要有团队精神有何高见？

孙子：我曾说过：故善用兵者，譬如率然。率然者，常山之蛇也。击其首则尾至，击其尾则首至，击其中则首尾俱至。敢问："兵可使如率然乎？"曰："可。"夫吴人与越人相恶也，当其同舟而济，遇风，其相救也如左右手。

我：您这句话该如何解释呢？

孙子：这句话的意思就是：善于指挥作战的人，能使部队自我策应如同"率然"蛇一样。"率然"是常山地方一种蛇，打它的头部，尾巴就来救应；打它的尾，头就来救应；打它的腰，头尾都来救应。试问：可以使军队像"率然"一样吗？回答是：可以。吴国人和越国人是互相仇视的，但当他们同船渡河而遇上大风时，就会相互救援，就如同人的左右手一样。

我：您的意思是以常山之蛇"率然"的特性来说明军队作战协调一致的重要性，就是以这种蛇的特殊自卫功能来说明军队作战要"齐勇若一"，这样才能提高战斗力。就像常山之蛇，凡有外物接触时反应灵活，打它的头，尾就来救应；打它的尾，头就来救应；打它的中部，头尾都来救应。其最大特点是整体各部分能相互协调作战，整体与部分密切沟通，动作整体如一。那么，如果在商场竞争中，就是指一个企业只要具有团队精神，战斗力就会倍增，协同能力强，秩序井然，有条不紊，因敌应变，上下精诚团结，众志成城，无坚不摧。

孙子：是的，只有上下精诚团结，才能商战无敌。

【解读】 ～⌒ **松下电器有"绝招"** ⌒～

假如能使员工紧密团结在一起，与公司同呼吸共患难，就能有效调动员工的积极性与能动性，这更是企业长盛不衰的不二法门。

松下电器产业集团，是日本六大独立企业集团之一，是目前日本最大的民用电器公司，是世界上发展迅速的典型企业之一，号称"家电王国"，有所谓"不知萧条的企业"和"世界健康儿童"的美称。

松下公司能从一个微不足道的小作坊发展成为规模庞大的跨国公司，其中的原因固然很多，但与创始人松下幸之助纵横捭阖的攻心策略有极密切的关系。他强调发挥人的作用，注重维系人心，他还采取精神的与物质的刺激办法，使职工紧密聚集在公司周围。

松下幸之助注重营造企业凝聚力，重视精神的作用，他将企业的经营意图、指导思想、观点、信念灌输到所属人员中去，人称"爱说教的松下"。在1933年，松下幸之助提出了"松下电器公司应遵循的精神"，即工业报国精神、光明正大精神、团结一致精神、奋斗向上精神、礼貌谦让精神、适应形势精神、感恩报德精神，这就是所谓"松下七精神"。职工上班前、下班后，都要全体肃立齐唱社歌，齐声朗诵"七精神"，最后还要来个"训词"。

除在精神上攻心外，松下幸之助还巧于运用物质手段实行所谓"高福利"政策：值鼓励职工向公司投资，建立"储蓄制度"。在公司改组为有限公司后，开始实行附有奖励金的"投资储蓄制度"。松下公司还建立了新的"职工拥有住房制度"，同时改善了住宅分售、贷款制度，又建立了福利养老金制度，根据职工个人志愿，把退休金改为终身养老金。

松下有限公司

松下公司从1966年起，建立了工种与工作能力相结合的工资体系，按照实力的顺序提拔和升级，以充分发挥每个人的才能。松下还向职工灌输所谓"全员经营"、"群智经营"的思想，即松下电器的经营，是"用全体职工的精神、肉体和资本集结成一体的综合力量进行经营"。宣传所谓的"职工自家事"，意在使职工觉得"自己是松下电器的主人公"。松下幸之助建立了提案奖金制度，公司不惜重金征求职工的建设性建议。吸取建议，可以改善产品质量、提高工作效率，又可以激励职工的士气，给人一种工人可以参加管理的印象，增强了公司的凝聚力，使公司受益匪浅。

在松下幸之助采取的这些措施和策略的引导下，公司争取了人心，职工对公司产生了亲切感，形成了一种与公司命运与共的思想，积极投身于公司的生产和经营。

松下公司正是采用营造企业凝聚力的方法，迅速崛起，并且长盛不衰。

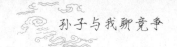

上下精诚团结，才能商战无敌

古人云："聚而不聚为孤旅，分二部分为麋军。"协同作战，不是简单地集中兵力。兵力应当集中而不能集中的，就是自己孤立自己，兵力应当分开使用而不能分开的，就是自己束缚自己。何时聚好，何时分好，只能根据具体情况，审时度势，权衡利弊而定夺。

孙子主张使用常山之蛇"率然"的特性来协调作战。而"常山之蛇"之喻，包含着一种系统论思想在里面。常山之蛇就像一个结构严整功能齐全的系统，作为系统的整体，都是由部分构成的，但整体力量并不简单等于部分力量之和。现代系统论认为，如果把局部力量合理地排列组合，整体力量会大于局部力量之和。现代化的军队已发展成为诸兵种的合成军队，协同作战是现代战争的客观要求和必然方式。服从指挥的军队，协同作战，秩序井然，有条不紊，因敌应变，团结一心，众志成城，则战斗力倍增，否则，就是乌合之众。

"常山之蛇"之喻，还包含着军人牢固树立集体主义观念的重要性。俗话说，军令如山，个人英雄主义是用兵的大敌。孙子说："深入则专，主人不克。"其中"专"字即专心一意、团结一心的意思。军队是武装的斗争集团，要有严格的组织和铁的纪律，组织强，纪律强，团结一心才能有战斗力。也就是孙子讲的，只有"齐勇若一"，作战时指挥千军万马"携手若使一人"，这样才能"并敌一向，千里杀将"。

既然是协同作战，有两点是必须满足的前提条件，其一是要有一支高素质的团队，其二是团队要有非常好的协调性。就第一点来说，高素质的团队离不开高素质的人才，因此网络人才就成为一项重要任务。善于网络人才并能把人才很好地组织起来形成协同作战的整体，就能保证事业的成功，战争如此，其他行业也是这样。

《淮南子·兵略训》中记载："夫五指之更弹，不如卷手之一挃万人之更进，不如百人之俱至也。"就是说，一个指头轮番敲打，不如攥紧拳头牢牢箍住；一万人轮番进攻，不如100个人同时动手力量强大，这就是孙子所谓"并敌一向"。团队精神与整体协调思想对现代企业管理也有重要启示，企业要实现管理绩效的最大化，就必须使企业的内部环境和外部环境有机协调起来。首先是内部系统的相互配合，要实现企业的战略目标，就必须使各子系统有机结合，局部力量与整体力量相统一。

为此，企业管理者一定要培养员工们的团队精神，学习"常山之蛇"的"率然"特性，协同作战，具有大局思想。因为只有上下精诚团结，才能商战无敌。

竞争智慧

◇只有上下精诚团结，才能商战无敌。

◇假如能使员工紧密团结在一起，与公司同呼吸共患难，就能有效调动员工的积极性与能动性，这是企业长盛不衰的不二法门。

◇企业要实现管理绩效的最大化，就必须使企业的内部环境和外部环境有机协调起来。

得道者多助，失道者寡助

【聊天实录】

我：孙老先生，您对竞争要有团队精神有何高见？

孙子：我曾说过：主孰有道？

我：您这句话该如何解释呢？

孙子：这句话的意思就是：哪一方君主是有道明君，能得民心？

我：您在兵法中把"主孰有道"列在"七情"的第一位，由此可见，您认为双方君主或首脑，哪个更政治清明哪个君主就更能得道多助。战争要谋道，得道者胜。同样，在商战中，管理也要谋道。只要管理观念正确，企业才能在竞争中获胜，才能兴旺发达。

孙子：是的，得道者多助，失道者寡助。

【解读】 　　企业文化是赢得商战的有效机制

企业文化作为一股管理新潮，它的产生与近 20 年来美国经济的持续衰退和日本经济的迅速起飞有着直接的关系。从 20 世纪 50 年代开始，美国经济受到日本和西欧的挑战，其绝对优势地位开始下降，特别是近 20 来年，美国企业在与日本企业的竞争中不断失败，日本取代了美国成为世界汽车生产的头号强国，作为美国工业基础的钢铁工业和某些高科技产品的优势地位也逐渐被日本人夺走。面对着日本旋风般的猛烈袭击，美国朝野惊慌失措，尼克松总统哀叹："美国遇到了我们甚至连做梦都想不到的那种挑战。"许多沉醉于"美国世界第一"的美国人也不得不冷静下来思考：为什么第二次世界大战后经济上濒临崩溃、技术属于三四流的一个弹丸之地的日本，在短短的二十多年便实现了经济腾飞？日本经济成功的奥秘在哪里？美国能否仿效日本的做法？反思的结果只有一个：美国要想走出困境，必须立足本土，取他人之长，补自己之短，此外别无良策。

20 世纪 80 年代初，美国人惊喜地发现日美企业管理的差异根本点不在于管理方法和手段上，而在过去一致认为是相同的管理因素上，美国企业管理因素以理性主义而著称于世，过于强调技术、设备、方法、规章、组织结构和财务分析等硬因素；而日本企业经营管理的传统模式，具有鲜明的非理性主义色彩，即比较注重目标、信念、价值观、文化这类主观因素。它重视人性、重视人力资源，把职工当作"社会人"、"决策人"甚至是"自动人"，最大限度地发挥职工的潜力，调动他们的积极性、主动性和创造性。近年来，美国的管理学界和企业逐步认识到，把雇员当作纯粹的生产要素，当作会讲话的机器，当作"经济人"看待，会损害雇员的感情，不利于企业长久发展，因而，美国企业界正在加强组织的人情味，力图把组织设计得"更符合人性"、"更符合人情"。

可见，企业文化的人情与人性正是孙子所谓的"主孰有道"，谁更能让员工从感情上亲近企业，谁更能让企业产生强大的凝聚，那谁无疑就更能在现代市场竞争中站稳脚跟。

得道者多助

什么是道？从兵书中可以看到有关道的三种主要解释：一作政治原则、观念形态讲。如《孙子·计篇》中说："道者，令民与上同意也，故可以与之死，可以与之生，而不畏危。"二作规律法则讲。如《孙膑兵法·八阵》中说："知道者，上知天之道，下知地之理，内得其民之心，外知敌之情……"三作方法经验讲。如《吴子·料敌》中说："夫安国之道，先戒为宝。"在上述三种主要用法中，最重要的是用作政治原则、观念形态、思想体系讲。《孙子》"五事七计"中所说的"道"就属政治原则、观念形态、思想体系范畴的道。

主孰有道，得道者胜。据《史记·孙子吴起列传》说，吴起一次与魏武侯在西河泛舟，船至中流，武侯被壮丽山河所陶醉，得意地说："美哉乎山河之固，此魏国之宝也！"吴起此刻讲了一段很精辟的"在德不在险"的议论，他说："昔三苗氏左洞庭，右彭蠡，德义不修，禹灭之。夏桀之居，左河济，右泰华，伊阙在其南，羊肠在其北，修政不仁，汤放之。殷纣之国，左孟门，右太行，常山在其北，大河经其南，修政不德，武士杀之。由此观之，在德不在险。"吴起说到这里，用告诫的口吻说："若君不修德，舟中之人尽为敌国也。"

实际上，道也指道义。1852年（清咸丰二年）12月，由于太平军迅猛发展，咸丰帝诏令在湖南老家守丧的曾国藩"帮办本省团练"。面对绿营兵在各处所呈现的腐败无能状态，曾国藩决定摈弃绿营，别树一帜。在致湘军将领王鑫的信中，曾国藩提出：依我之见，今天要想消灭太平军，必须先使诸将一心，万众一气，然后才可以进行战争。在组建湘军的过程中，曾国藩一改筹兵筹饷的旧方法，着重从政治和思想上入手，筹建一支力挽危局的地主阶级新军。曾国藩本着这一建军思想所组建起来的湘军，很快成为清军中的一支劲旅，在扑灭太平军起义烈火、拯救清王朝的反动统治过程中，发挥了重大作用。

企业管理也有谋道问题。企业管理是涉及企业生产力、生产关系、上层建筑方面的管理，这些方面都有一个用什么政治原则、价值观念、思想准则发挥作用的问题，说得清楚简明一点，就比如说这几点，用什么"道"对待国家的利益，用什么"道"从事生产经营活动，用什么"道"作为凝聚剂，处理好各方面人际关系，使企业团结，产生力量，用什么"道"开展竞争等。

被称为"经营之神"的日本人土光敏夫就写有《经营管理之道》一书，书中总结了他的经营观念取胜之道，经营规律取胜之道，经营技巧取胜之道。

内修政治，外治军事，提高战斗力，这才是经营之道。

企业"图国"，就内部而言，修文德，就要做到在正确的管理思想指导下，上下一心，团结一致，办好企业。就外部而言，治武备，就要树立正确的生产经营观念，搞好商品生产、商品经营，搞好市场竞争，达到制胜目的。

随着市场经济的发展，领导者权力越来越大。如果领导者"有道"而贤能，将有利于生产经营，促进生产发展；如果领导者"无道"，将严重影响正常的运作，阻碍生产发展。

由此可见，"道"在战场上、商战中，都起着非常重要的作用。

◇得道者多助，失道者寡助。

◇在商战中，管理也要谋道。

◇内修政治，外治军事，提高战斗力，这才是经营之道。

善于运用群策群力，提高团队的竞争力

【聊天实录】

我：孙老先生，您对竞争要有团队精神有何高见？

孙子：我曾说过：故经之以五事，校之以计而索其情。

我：您这句话该如何解释呢？

孙子：这句话的意思就是：所以要通过双方的各种情况做比较讨论，来求得对战争形势的认识。

我：您的意思是您认为战斗之前，一定要对敌我双方的情况有深入了解，加以比较和讨论才可以制定决策。商战中，任何正确的决策也都应该是集思广益的，同样要在讨论之后做出决策，这样一方面可以积众人之智慧选择最好的决策，一方面则更容易凝聚团队。

孙子：是的，善于运用群策群力，提高团队的竞争力。

【解读】 "博克"牌洗衣机的诞生

"博克"牌洗衣机的诞生最能说明通用群策群力的管理思想，为什么这么说

呢？在通用电气的家电部有一个专门生产洗衣机的工厂，从 1956 年建厂以来的 30 多年间，经营得非常不好，生产出来的老式产品卖不出去，1992 年亏损了 4700 万美元，1993 年上半年又亏损了 400 万美元。1993 年秋，公司决定卖掉这家企业，这时候，一个名叫博克的公司副总裁站了出来说："这么多工人怎么办？请给我这个机会，我一定想办法使公司转危为安。"博克先生首先召集了 20 个人，采

"博克"牌洗衣机

取群策群力的方法，用 20 天时间向总部提交了一份改革报告，韦尔奇总裁支持这个建议，马上批给 7000 万美元对企业进行技术改造。

"群策群力"讨论会不仅带来了明显的经济效益，而且能让职工广泛参与管理，感受运用权力的滋味，从而大大提高了职工的工作热情。群策群力活动把本来毫不相干的人们聚集到了一起，人们看到公司的言行一致，他们的信任感在这个过程中不断增长，智慧的火花不断迸发，过去只被要求贡献时间和双手的人们现在感到他们的头脑和观点也开始备受重视了。现代管理学特别强调领导的协调性，认为领导的主要职责就是协调。作为一个单位的主管，掌握好协调艺术，善于协调，就像乐队指挥掌握指挥艺术一样同等重要。

要善于运用群策群力

团队成员间的密切团结和高效沟通，不仅可以减少成员间的矛盾和冲突，促进成员间相互了解、相互帮助和相互交流，使各成员的矢量合最大化，以实现团队的整体目标，而且可以实现团队成员间智力资源共享，促进知识创新。

英特尔这个 1968 年成立的小公司，在 20 世纪 80 年代就名扬天下，很大程

度上得益于其团结的、高效沟通的团队精神。

当初由葛洛夫、摩尔、诺宜斯 3 名年轻人共同创办的英特尔公司一直保持了团队合作的精神，并以此作为公司成功之圭臬。可以说，英特尔是硅谷百十家半导体厂家中最早、最持久开展团队建设的公司，这也使得它能在潮起潮落的全球计算机市场中始终能坚如磐石。

英特尔的工程师队伍中华裔占有相当大的比例，为留住这些人才，并进一步激励他们的创造力与热情，英特尔几次借用当地或其他城市的中国餐馆举办华裔工程师恳谈会，并从 1984 年 2 月开始，年年举办"与中国人同度春节"的"英特尔公司中国新年庆祝酒会"，公司总裁葛洛夫等公司高级领导层届时也亲自参加，另有 100 余名非华工裔员自费参加，气氛异常融洽。同时，英特尔成立"多重文化整合会"，对象从华人扩大至日本人、犹太人等，定期举办各种活动，促进公司不同文化背景的员工相互理解、相互尊重。

英特尔的"会议哲学"与它的"文化哲学"一样独特。英特尔将会议分为"激荡型会议"与"程序型会议"两种，前者的主要目的是集思广益，凭借大家的脑力激荡得出最佳方案。英特尔有一句名言："决策总在讨论之后。"与会者不分等级职务，畅所欲言，包括尖锐的诘难与疑虑，都会得到领导者的高度重视。后来，这种"激荡型会议"形成的开放性风气被英特尔推广到企业内部管理上，这就是英特尔的"建设性对立"管理，鼓励员工与领导、员工与员工、领导与领导之间做到一方直言不讳，一方广纳众议，防止"一言堂"出现。英特尔的团队建设以轻松、开放著称，但在讲究纪律的严明性方面毫不含糊。拿上班签到来说，迟到超过 5 分钟的人，则要签"迟到簿"，并张榜公布。一次，总裁葛洛夫因急事耽搁而迟到，同样自觉地在"迟到簿"上留下大名，只不过他还在旁边风趣地加了条注："看来这个世界上没有完人。"

由此可见，如果一个企业善于运用群策群力，不仅有利于凝聚团队的力量，更重要的是，可以团队的竞争力，让企业长盛不衰。

竞争智慧

◇善于运用群策群力，提高团队的竞争力。

◇团队成员间的密切团结和高效沟通，不仅可以减少成员间的矛盾和冲突，促进成员间相互了解、相互帮助和相互交流，使各成员的矢量合最大化，以实现团队的整体目标，而且可以实现团队成员间智力资源共享，促进知识创新。

◇决策总在讨论之后。

用众之法，让企业坚如磐石

【聊天实录】

我：孙老先生，您对竞争要有团队精神有何高见？

孙子：我曾说过：言不相闻，故为金鼓；视不相见，故为旌旗。夫金鼓旌旗者，所以一人之耳目也；人既专一，则勇者不得独进，怯者不得独退，此用众之法也。故夜战多火鼓，昼战多旌旗，所以变人之耳目也。

我：您这句话该如何解释呢？

孙子：这句话的意思就是："用语言指挥听不到，所以使用金鼓；用动作指挥看不清，所以使用旌旗。"金鼓旌旗都是用来统一军队作战行动的，军队行动既然统一了，那么勇敢的将士就不得单独前进，怯懦的也不得单独后退，这就是指挥人数众多的军队的方法。所以夜间作战要多使用火光和鼓声，白天作战要多使用旌旗，之所以变换这些信号，都是为了适应士卒的视听能力。

我：您的意思是说，在战场上，将领应该善于搞好军队行动的统一，让士兵们进退一致，只有这样，军队才能所向披靡。在商场上，这种做法就是"用众之法"，也就是说，企业经营者要搞好团队的团结与合作，只有这样，才能打败竞争对手。

孙子：是的，用众之法，让企业坚如磐石。

【解读】　　　　巧用人才的"美洲虎"

"美洲虎"是深受英国人钟爱的名牌轿车，在20世纪50年代，它曾享有很好的声誉，但到了70年代末，普遍流传着一个笑话：你如果有一辆美洲虎牌车子，就必须再准备一辆这样的车，这样才能凑够零件使其中的一辆跑起来，可见美洲虎汽车的形象已经差到何等地步。

"美洲虎"跑车

在连换了六任总经理后，终于来了一位精明强干的总经理，这人叫约翰·伊根，他拯救了这只垂死的"美洲虎"，使它重新站起来，并参与国际市场的竞争，伊根本人也因此成了大富翁。

约翰·伊根毕业于英国皇家地质学院石油工程系，他之所以选择了这个专业，是因为他得知，这个学院橄榄球运动搞得好，他喜欢这项运动。

毕业后，他进入巴林石油公司工作，负责由阿拉伯人组成的石油开采队伍。他在那里一待就是5年，积累了相当丰富的管理经验，随后，他离开公司，去伦敦商学院读硕士生。

1968年，他获得硕士证书后，在大不列颠通用汽车公司财务主管手下任职。

通用汽车公司的财务制度给伊根留下了极为深刻的印象，作为制造德尔科自动控制零件的生产部主任，伊根有效地将这个部门建成了一个独立的组织，有自己的销售系统，并竭尽全力使它成为一个高利润的部门。对他而言，这是一段难得的经历，他借此了解了生产，也了解了市场。

伊根在德尔科自动控制零件部门的成功吸引了英国兰利汽车公司的一个分部的财务负责人约翰·巴伯的目光，他邀请伊根去兰利公司工作。伊根没有拒绝，他早就想为英国的公司工作，以此检测自己的能力。

他来到兰种汽车公司之后不久，就发现这个公司在战略措施上存在不少漏洞。他便利用一切机会把他在通用汽车公司学来的那堂知识应用于管理实践中，终于使之成为整个公司创利最高的部门，成为公司的一张王牌，他也因此被提升为总公司配件服务部主任，下属部门大约有1万人。

1966年，英国政府实施"赖德计划"，要创建一个在国际上具有竞争力的大型统一汽车生产集团，但这个计划对兰利汽车公司来说却是一场灾难。美洲虎汽车公司就是这时与兰利汽车公司合并的，合并以后，成为兰利汽车公司下面的一个子公司。但公司上层管理混乱，产品质量明显下降，伊根负责的这个部门所创的利润都被其他部门消耗掉了。

1976年，伊根怀着沮丧的心情黯然离开了兰利公司，又去了一家美国公司工作，担任这个公司销售部主任兼欧洲业务协调人。

1980年上半年，当美洲虎汽车公司濒临倒闭的边缘时，兰利公司新任董事长迈克尔·爱德华兹找到伊根，问他是否愿意担任美洲虎公司总经理。他十分清楚，如果他答应的话，那么，他就将成为美洲虎公司的第七任总经理。

成为美洲虎公司第七任总经理的伊根带着对美洲虎汽车公司工人强烈的同情来到该公司，他第一个感觉就是到处都弥漫着一种灰色的消极情绪。他的到来就像是改革的催化剂，要做的第一件事就是着手提高生产力，增进汽车的可靠性。

伊根改革的第一个步骤是核查美洲虎汽车公司下属厂家的产品是否合乎公司的标准，结果使他吃惊不小：汽车零部件中至少有150项缺陷，700种产品有60%的质量问题出在那些供应零件的厂家。

伊根对供应商们说：“如果有福同享，那么有难也要同当，做不到这一点，谁也别想和我们签订供货合同。”他把达不到标准的产品一律退回去，这样持续一年，质量问题得到了解决。

第二个步骤，他发动了一场类似福音派新教会改革的运动，以激发公司员工恢复在前 10 年丢失的追求优质水平的信心。

伊根这样持续努力了两年，到 1983 年 6 月，销售量奇迹般地回升，社会上对美洲虎汽车的需求大增。伊根夸口说，“美洲虎”已经击败了本国的梅塞维斯和德国的拜尔汽车厂家的挑战。公司开始逐渐恢复元气，并重新雇用了数万名职工。

为了提高工人的技术水平，伊根创办了“开放学习中心”，让员工们用业余时间参加各种技术学习。重新站立起来的美洲虎汽车公司在股票市场上成了一个独立的公司，它的股票上市发行不到两年，就翻了两倍，成了华尔街最看好的英国股票之一。

在伊根接管美洲虎公司时，美洲虎汽车的销售网已基本瘫痪，他让所有的高级经理都走出去，重新建立起一个阵容强大的销售网。伊根使“美洲虎”终于又重振昔日的雄风，在欧美市场上销量直线上升。

约翰·伊根就像是捍卫英国国民尊严的一面旗帜，目前，美洲虎汽车公司就设备和产品质量而言，是英国同行中的领先者，它有实力与日本、德国、获摩所生产的最好的汽车一争高下。

约翰·伊根的出现，无疑像给“美洲虎”注射了一剂强心针，使这个一度恹恹待毙的“美洲虎”，焕发了昔日的雄威。但这一切，离不开他的“用众之法”。同时也说明，人才对企业的生存和发展很重要，有时甚至一个优秀的人才，可以挽救一个企业。

用众之法，有助于企业的发展

“用众之法”谋略在日常生活中的运用是十分普遍的，其基本点在于搞好团结与合作，企业经营者也常常运用这一点采取联合行动，谋取自己的经济利益。

运用"用众之法"谋略，要掌握时机，才能有效地激励士气，形成合力。

诺贝尔的炸药托拉斯成立就是如此。1863年，瑞典科学家诺贝尔取得了硝化甘油的专利权，此后开办了许多生产炸药的工厂。到1870年，在欧洲许多国家都建立了由诺贝尔控制的炸药工厂和公司。

创业初，诺贝尔陆续在各国建立工厂，这些工厂虽受他控制，但在经营和行政方面是单独实体，各自拥有自己的市场和经营计划，导致了意志与行动的不统一。同时，这一时期传统的黑色炸药仍拥有很大市场，生产黑色炸药的厂家们为夺回被甘油炸药占据的市场，在各个地区也同诺贝尔公司展开了激烈争夺。诺贝尔下属的这些公司在面临外部激烈争夺时，仍各自为战，有时还彼此进行内斗，搞得两败俱伤，使黑色炸药的生产厂家趁机从中渔利，这给诺贝尔继续扩大生产带来了巨大阻碍。鉴于这种情况，诺贝尔决定建立起一个世界规模的机构，使各公司形成一支统一的力量，以便在同黑色炸药的争夺中一致对外、统一行动。

诺贝尔还考虑到，尽管他在欧洲和南美许多地区已建立起了一些工厂和公司，并占领了这些地区的大部分市场，但发展潜力不大，必须有个稳定而广阔的中心市场，确保在可能出现的各种情况下立于不败之地。这个被视为"火车头"的市场，他选定在法国。当时的法国正值普法战争战败后不久，但仍拥有欧洲国家中较庞大的军队与工业集团，尤其是铁路和矿山两个行业对炸药有很大的需求。当时黑色炸药一直垄断着法国的炸药市场，硝化甘油被禁止生产，法国这个有巨大潜力和广阔前景的市场暂时还是诺贝尔无法涉足的一块禁地。

在助手们的帮助下，诺贝尔采取了首先在法国周边国家发展生产的策略。他先后在西班牙、意大利、瑞士和葡萄牙等国建立起甘油炸药工厂，使这些国家的市场逐渐为他的工厂所占领，并对所在国的工业发展和矿场开采产生了重要影响，深受各国政府的重视。无形之中，这些国家的工厂连成了一个完整的包围圈，而法国就在这个包围圈的中心。通过各种积极的步调一致的努力，加之甘油炸药确实拥有黑色炸药无法比拟的优越性，法国政府终于允许甘油炸药在法国生产，法国也迅速成为最大的甘油炸药消费国。不久，诺贝尔又用企业协调发展、一致对外的方法，使甘油炸药先后挤进英国和德国这两个工业大国。

1887年，也即诺贝尔取得专利不到二十五年时，他建立了达那炸药总公司。除俄国和瑞典外，欧洲的大部分国家都在这个大托拉斯的范围之内，也使他的实业王国事实上控制了全球。所有这些，与诺贝尔善于运用"用众之法"谋略进行协调和统一是分不开的。

所以说，用众之法，可以让企业坚如磐石。

竞争智慧

◇用众之法，让企业坚如磐石。

◇运用"用众之法"谋略，要掌握时机，才能有效地激励士气，形成合力。

◇人才对企业的生存和发展很重要，有时甚至一个优秀的人才，可以挽救一个企业。

独木不成林，依靠团队才能取得胜利

【聊天实录】

我：孙老先生，您对竞争要有团队精神有何高见？

孙子：我曾说过：上下同欲者胜。

我：您这句话该如何解释呢？

孙子：这句话的意思就是：全军上下意愿一致的就能够胜利。

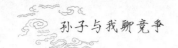
我：您的意思是您认为战争胜利的条件就是全国上下、全军上下都怀着同一个想法：战胜敌人，振兴国家。这样的军队和人民，就会齐心协力，取得胜利。那么，在企业里，也要"上下同欲"，上级领导与下级职工都怀着同一个振兴企业的想法，团结一心，企业就会越来越兴旺。

孙子：是的，独木不成林，依靠团队才能取得胜利。

【解读】 团队合作精神才是现代企业成功的保障

一家有影响的公司招聘高层管理人员，9名优秀应聘者经过初试，从上百人中脱颖而出，闯进了由公司老总亲自把关的复试。

老总看过这9个人详细的资料和初试成绩后，相当满意，但是，此次招聘只能录取3个人，所以，老总给大家出了最后一道题。

老总把这9个人随机分成甲、乙、丙三组，指定甲组的3个人去调查本市婴儿用品市场，乙组的3个人调查妇女用品市场，丙组的3个人调查老年人用品市场。老总解释说："我们录取的人是用来开发市场的，所以，你们必须对市场有敏锐的观察力，让大家调查这些行业，是想看看大家对一个新行业的适应能力。每个小组的成员务必全力以赴！"临走的时候，老总补充道："为避免大家盲目开展调查，我已经叫秘书准备了一份相关行业的资料，走的时候自己到秘书那里去取！"

两天后，9个人都把自己的市场分析报告送到了老总那里。老总看完后，站起身来，走向丙组的3个人，分别与之一一握手，并祝贺道："恭喜3位，你们已经被本公司录取了！"然后，老总看见大家疑惑的表情，呵呵一笑，说："请大家打开我叫秘书给你们的资料，互相看看。"原来，每个人得到的资料都不一样，甲组的3个人得到的分别是本市婴儿用品市场过去、现在和将来的分析，其他两组的也类似。老总说："丙组的3个人很聪明，互相借用了对方的资料，补全了自己的分析报告。而甲、乙两组的 6 个人却分别行事，抛开队友，自己做自己的。我出这样一个题目，其实最主要的目的，是想看看大家的团队合作意识。甲、乙两组失败的原因在于，他们没有合作，忽视了队友的存在！要知道，团队合作精神才是现代企业成功的保障！"

"就招聘员工而言，我们有一套很严格的标准，最必要的是团队精神。"微软中国研发的总经理张湘辉博士说，"如果一个人是天才，但其团队精神比较差，这样的人我们不要。

"中国 IT 业有很多年轻聪明的人才，但团队精神不够，所以每个简单的程序都能编得很好，但编大型程序就不行了。微软开发 WindowsXP 时有 500 名工程师奋斗了两年，有 5000 万行编码。软件开发需要协调不同类型、不同性格的人员共同奋斗，缺乏领军型的人才、缺乏合作精神是难以成功的。"

从不承认团队对自己有帮助，即使接受过帮助也认为这是团队的义务；

遇到困难喜欢单独蛮干，从不和其他同事沟通交流；

好大喜功，专做不在自己能力范围之内的事。

一个人如果以这种态度对待所面对的团体，那么其前途必将是黯淡的，只有把自己融入团队中去的人才能取得大的成功。融入团队必要先有团队意识，要让自己拥有团队意识，首先就要摒弃"独行侠"的思想，和"狂妄"、"自视清高"、"刚愎自用"坚决作别，代之以"众人拾柴火焰高"、"众志成城"、"齐心协力"的团队意识。

上下同欲者胜

企业中的领导或员工如果自以为是，不能和自己的下属或同事同欲同求，那么这样的团队必然会时刻面临分崩离析的危险。当然我们强调"上下同欲"并不代表要压制团队成员的创造性，而是说一个团队中的员工一定要能重视同伙伴间的协调关系，合作关系凡是要以大的为重，须知"独木不成材，独花不是春"的道理。

在专业化分工越来越细、竞争日益激烈的今天，靠一个人的力量是无法面对千头万绪的工作的。一个人可以凭着自己的能力取得一定的成就，但是如果把你的能力与别人的能力结合起来，就会取得更大的令人意想不到的成就。一个哲人曾说过这么一段话，大意是：你手上有一个苹果，我手上也有一个苹果，两个苹果加起来还是苹果。如果你有一种能力，我也有一种能力，两种能力加起来就不再是一种能力了。

作为一个工作中的个体，只有把自己融入整个团队之中，凭借整个集体的力量，才能把自己所不能完成的棘手的问题解决好。当你来到一个新的单位，你的上司很可能会分配给你一个你难以独立完成的工作。上司这样做的目的就是要考察你的合作精神，他要知道的仅仅是你是否善于合作，勤于沟通。如果你不言不语，一个人费劲地摸索，最后的结果很可能是死路一条，明智且能获得成功的捷径就是充分利用团队的力量。一位专家指出：现代年轻人在职场中普遍表现出的自负和自傲，使他们在融洽工作环境方面显得缓慢和困难。他们缺乏团队合作精神，项目都是自己做，不愿和同事一起想办法，每个人都会做出不同的结果，最后对公司一点儿用也没有。

事实上，一个人的成功不是真正的成功，团队的成功才是最大的成功。对每一个上班族来说，谦虚、自信、诚信、善于沟通、团队精神等一些传统美德是非常重要的。团队精神在一个公司，在一个人的事业发展中都是不容忽视的。

那么，要怎样加强与同事间的合作，提高自己的团队合作精神呢？

同在一个办公室工作，你与同事之间会存在某些差别。

知识、能力、经历造成你们在对待和处理工作时，会产生不同的想法。交流是协调的开始，把自己的想法说出来，听听对方的想法，你要经常说这样一句话：

"你看这事怎么办，我想听听你的想法。"

即使你各方面都很优秀，即使你认为自己以一个人的力量就能解决眼前的工作，也不要显得太张狂，要知道还有以后，以后你并不一定能完成一切。还是做个朋友吧，平等地对待对方。

即使是遇上了十分麻烦的事，也要乐观，你要对你的伙伴们说："我们是最优秀的，肯定可以把这件事解决好，如果成功了，我请大家喝一杯。"

在同一个办公室里，同事之间有着密切的联系，谁都不能单独生存，谁也脱离不了群体。依靠群体的力量，做合适的工作而又成功者，不仅是自己个人的成功，同时也是整个团队的成功。相反，明知自己没有独立完成的能力，却被个人欲望或感情所驱使，去做一个根本无法胜任的工作，那么失败的几率也一定更大，而且还不仅是你一个人的失败，同时也会牵连到周围的人，进而影响到整个公司。

一个团队、一个集体，对一个人的影响十分巨大。善于合作，有优秀团队意识的人，整个团队也能带给他无穷的收益。一个个体要想在工作中快速成长，就必须依靠团队、依靠集体的力量来提升自己。

企业是由职工群体组成的，不论企业的规模大小和生产性质是什么，要实现企业目标，为社会创造财富，和全体职工的努力是分不开的。企业在激烈市场竞争中要能克服重重困难，乘风破浪前进，需要有好的领导，好的带路人，但仅有好的领导，他本领再大，孤家寡人还是成不了气候。一个好的领导者必然有才干，能团结广大职工，关心和爱护群众，懂得如何保护群众的积极性，想职工之所想，急职工之所急，这才能得到群众的拥护和爱戴，才能一呼百应，才能令行禁止。如果缺乏这一条，那么不管他个人才华多么出众，也不会成为一个好的企业领导人。

一个世界著名公司的 CEO 曾这样说过："我的成功，10%是靠我个人旺盛无比的进取心，而90%全仗着我拥有的那支强有力的团队。"的确，单打独斗的个人英雄主义时代已经结束；合作就是力量，讲究团队默契的工作精神已显示出强而有力的成效。如何打造一支无坚不摧的完美团队，已是当代领导出色与否的标志之一。

在阿里巴巴，每一位新进入公司的员工都要参加为期两周的名为"百年阿里"的培训。在培训期间通过与学员们一起上课、拓展、游戏等方式，向新员工介绍阿里巴巴的历史与现状，宣扬其优秀独特的价值观，并培养团队合作意识。

在阿里巴巴员工的集体婚礼上，马云同样用婚育观，对团队合作进行了解释："其实，婚姻是两个人的事情。从今天起，你们的婚姻刚刚开始，结婚的那一天，也是麻烦开始的那一天。这个麻烦呢，从第一天起到最后你离开这个世界，永远不会停止。但是生活的快乐、生活的意义，也就是你们之间的矛盾带来的快乐。所以我希望不要埋怨对方，而是检查自己，两个人永远是团队合作。无论对付父母，对付孩子，对付社会，两个人永远在一起。"

从马云的话里，我们可以看出，马云虽然是在说家族成员应该团结合作，实际上是在强调一个企业、一个公司更应该如此。

是的，一个领导者再完美，也不过是一滴水，一个团队、一个优秀的团队就是大海。一个有高度竞争力的企业，不但要求有完美的员工，更要有完美的团队。而要塑造完美的团队，需要企业管理者充满智慧的管理。所以，企业领导者一定要懂得一个道理：独木不成林，依靠团队才能取得胜利。

竞 争 智 慧

◇独木不成林，依靠团队才能取得胜利。

◇一个人可以凭着自己的能力取得一定的成就，但是如果把你的能力与别人的能力结合起来，就会取得更大的令人意想不到的成就。

一个领导者再完美，也不过一滴水，一个团队、一个优秀的团队就是大海。

修道而保法，是打造一流团队的秘诀

【聊天实录】

我：孙老先生，您对竞争要有团队精神有何高见？

孙子：我曾说过：善用兵者，修道而保法，故能为胜败之政。

我：您这句话该如何解释呢？

孙子：这句话的意思就是：善于知道战争的人，必须修明政治，确保法制，从而能掌握战争胜负的决定权。

我：您的意思是以"修道而保法"为政治行为准则，只有在政治生活中遵行这种行为准则，方能在军事行动的胜利打下坚实的基础。那么，在商业上，"修道"，就是树立为社会、为民众服务的宗旨，生产高质量的产品，使企业在民众中有良好的信誉，"保法"就是要健全企业的规章制度。

孙子：是的，修道而保法，是打造一流团队的秘诀。

【解读】 上海宝山钢铁公司善于运用"修道而保法"

上海宝山钢铁公司是国家现代化的大型企业之一，它以高质量的产品热情的售后服务而闻名全国。宝钢的管理机制呈宝塔形的纵向结构，自上而下分四个层面：决策层、管理层、执行层和作业层。决策层每个成员都有明确分工，各司其职。他们把主要精力放在收集和掌握国际国内政治、经济、技术等各种重要信息上，对全厂的生产、经营状况进行分析，负责下一步的市场开发，制订切实可行的经营目标和改革方案，以及职工队伍的建设等重大事情。管理层设 7 个处、7 个部及总厂办公室，4 个厂长助理分别管理生产、技术、设备和经营，代表厂长处理日常事务。执行层有炼铁、炼钢、初轧、钢管、热轧、冷轧、发电 7 个二级厂，由二级厂厂长和车间主任管理。车间主任按照"分层管理、权限委让"原则，对车间发生的问题，可以不请示厂长自行处理。作业层是宝钢管理机制的基础，由每个车间划分出来的若干作业区组成，每个区设一名作业长。全厂年产 470 万吨钢，主要靠 722 名作业长进行现场指挥，运行完成。作业长对本作业区全面负责，拥有生产指挥权，还负责做群众思想工作，肩负安全、士气、产量、质量、成本、交货期六项任务。长期的"修道而保法"使宝钢这个大型企业群情振奋，职责分明，产品质量优良，效益一年比一年好。

修道而保法是战胜竞争对手的手段

孙子强调在军事上运用"修道而保法"，在商业竞争中，"修道而保法"也是常用来战胜竞争对手的手段。

所谓"道"，就是道德，有道德、讲信义就能赢得民众的信任。"修道"就是要想民众之所想，急民众之所急，兴民众之所喜，除民众之所恶。"修道"而取得民众支持的，就能在战争中立于不败之地。

在商业竞争中同样要"修道"，其目的是取得消费青的信任和欢心；建立良好的商业道德，以质优价廉的商品供应消费者；不断开发新的商品，以满足消费者的需要；接待顾客热情，介绍商品细致，选择商品耐心，并提供完善的售后服务；杜绝以次充好、缺斤少两、偷工减料、假冒名牌、暴利斩客等欺诈行为的发生。这样，一个企业、一个商场或一个商店就会在消费者中树立良好的形象和信誉，顾客便喜欢到那里去购物，这个商业单位自然就会兴旺发达，长盛不衰。

所谓"法"，就是法制、法律。孙子在解释"法"时说："法者，曲制、官道、主用也。"可知孙子的"法"，是指部队的组织编制、将吏职责和物资费用的掌管制度。"保法"就是要健全这些法制，以使军队在作战时法令通达、纪律严明，有坚强的战斗力。

商业竞争中的"保法"应该包括两方面：一方面商业机构内部要建立健全管理机制，各部门分工细致，职责明确，货物进出都有明细的账目，绝不许有贪污、盗窃的现象发生；另一方面商业机构要遵守国家的法律，绝不能偷税漏税、欺骗顾客，发生违法乱纪的行为，要获取合法的利润。

在商业活动中，因"修道保法"而兴旺发达的商业企业不计其数，这里仅举北京双安高场以见一斑。据报道，北京双安商场的一切经营活动都以"为顾客服务"为宗旨，商场经常对员工开展以"敬业爱岗"为主题的活动，培养员工自觉的服务精神。商场制订的《服务细则》明确规定，员工应"以为顾客服务为中心"；当日16时前售出的大件商品，必须在当日送达察户；一般商品在一个月内实行无障碍退货，以消除顾客购物的后顾之忧。商场领导经常强调："有顾客投诉者，不管什么原因，都要进行处罚。"同时对表现好的人员，在每期《双安信息》上进行表扬。商场还推行"肇事下岗、竞争上岗"等一系列措施，让员工明确感到竞争的压力，从而带动整个群体素质的提高。为了加强管理中的薄弱环节和解决管理中存在的问题，商场实施以楼层总监为主、各职能部门紧密配合的管理体制，依靠先进的计算机管理系统对人员、商品、供货渠道等进行全方位的监督检查，有效地防止任人唯亲和进人情货等不正之风。商场还制定了《费用开支及审批手续管理规定》等规章，加强费用支出方面的管理，使北京双安商场持续在低成本经营的轨道上运行。运用《孙子兵法》中"修道而保法"的谋略，北京双安商场在激烈的市场竞争中，获得了广大消费者的好评，商场的经济效益也不断提高。

因"修道而保法"使企业兴旺起来的例子很多。1993年成立的石家庄路德电子公司，在成立之初就确立了"科技报国"的宗旨。他们开发生产医疗保健器械，因为这是人类健康的需要；他们开发微电子产品，因为这是振兴民族工业的需要；他们开发计算机应用技术，因为这是国家高速发展经济的需要。在这样的企业宗旨指导下，他们生产的眼穴位治疗仪，1996 年风靡大江南北，数十万名消费者给以热情洋溢的信息反馈；他们生产的路德银针，消费者称之为"小华佗"、"家庭针灸师"，为很多常见病和疑难病开辟出新的治疗方法。公司领导人经常以"敬业人和"四字来勉励大家，因此"路德人"对事业都有执着的追求，全身心地投入；职工都能团结协作，上下沟通，积极开拓。公司又有严密的管理体制，设有营销中心、生产中心、研究开发中心等机构。营销中心负责营销计划、调度、储运、售后服务等工作，是公司的主要业务开发机构。生产中心根据销售计划来组织原材料、半成品的供应和生产，下属两个工厂。研究开发中心主要承担公司新产品、新技术的研究开发任务，项目立项的审批权在董事会。此外，还有财务和人事两个中心，都进行垂直管理，有一套严格的执行制度。由于"修道而保法"，使路德电子公司的名声远扬，产品畅销，管理有序，稳步发展。

是的，在企业和商业经营管理中，必须强化内部管理，从各方面修明自身，建立完善的可以制胜的内部机制，也就是建立不被战胜之道。任何一个经营实体，都由人、财、物、信息四大要素构成经营活动的重要内容，而经营者经过计划、组织、指挥、协调、控制五种管理职能对经营活动进行管理，这就是"修道而保法"，它是经营成败的关键。

可见，运用"修道而保法"，可以使团队政治清明、规章制度健全，更是企业兴旺发达的秘诀。

竞争智慧

◇修道而保法，是打造一流团队的秘诀。

◇让员工明确感到竞争的压力，从而带动整个群体素质的提高。

◇善于运用"修道而保法"，可以使团队政治清明、规章制度健全，更是企业兴旺发达的秘诀。

择人而任势，激发团队的积极性

【聊天实录】

我：孙老先生，您对竞争要有团队精神有何高见？

孙子：我曾说过：故善战者，求之于势，不责于人，故能择人而任势。任势者，其战人也，如转木石。木石之性，安则静，危则动，方则止，圆则行。故善战人之势，如转圆石于千仞之山者，势也。

我：您这句话该如何解释呢？

孙子：这句话的意思就是：善于指挥军队作战的人，总是设法求的有利的态势，而不是去苛求部署，因而他能选择合适的人才去利用有利的态势。善于利用态势的人，指挥军队打仗就像滚动木头、石头一样。木头、石头的物理特性是放在平坦安稳处就静止不动，放在高峻的陡坡上就会滚动；方的就像推动圆石从万丈高山上滚下来一样，是一种不可阻挡之势。

我：您的意思说，作为领导者能否把那些智勇之士识别与筛选出来，委以重任；能否最大限度地发挥他们的积极性，常常关系到企业的兴衰成败。另一方面，要发挥团体的合力，也必须最大限度地发挥每个员工的积极性，让员工做事参与感，这是一个英明领导人的商战韬略。

孙子：是的，择人而任势，激发团队的积极性。

【解读】 　　　　王文京善于"择人而任势"

用友软件公司创始人王文京是中国 IT 领域知名人物，他 1964 年 12 月出生于江西省上饶，15 岁考入江西财经大学，毕业后分到了国家机关工作，1988 年 24 岁的王文京辞职到中关村创业。

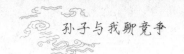

王文京常常会给人一个舞台，靠员工去想象发挥，他很少告诉你这件事应该怎么做。如果这件事情对，王文京同意你朝着这个方向发展，至于怎么发展，你自己去想吧。王文京在战术层几乎是完全授权的，常常有些经理会有这样一些疑问：王总总是定了方向，但又不告诉我怎么做，我怎么干？如果员工不改变这种观念，等王文京告诉你怎么做，那等于是免职通知书。因为王文京只告诉你大方向是这样，具体怎么做，你应该去想，要不然要你干什么。所以用友有很多事情，部门经理不是一定要去找王文京，而是自己就定了。王文京给了员工一个"势力范围"，一个发挥的舞台，大家也觉得王文京非常高明。

王文京不独裁，王文京喜欢听员工说一些东西，他听得特别认真、细致，员工甚至在他面前发牢骚或者情绪激动都没有关系，他都能承受，但是他最后可能已经有自己的定论了。有员工开玩笑说：王总征求你意见的时候，也就是告诉你结果的时候。

有时候因为员工有一些反对意见，王文京确实也会改变主意。王文京的决策权是绝对的，但他不绝对控制这种决策权，这是王文京的决策系统。国外一些资料显示，一个国际化的公司，在决策知识系统非常健全的情况下，决策失误率达到50%，而中国国内的企业在决策系统很不健全的情况下，决策失误率会更高。而在王文京的公司用友中，决策支持系统并不是很数据化，可能更多依靠的是王文京的灵感。决策出了错误，王文京愿意自己承担责任。在这种情况下，用友能够杀出财务软件重围，做ERP软件，前几年又通过伟库网实施ASP角色转变，在商战中占有一席之地，反映出王文京在大方向上的敏锐和果断。

要善于择人而任势

"势"是事物发展的趋势，是事物发展的内在动力。把握这种"势"，将有利推动事物的发展，这就是"任势"。

当然，"势"也是可以创造的。时下时髦的"广告"，把所要宣传的产品经过一番变化，然后展示出来，如果展示得恰当，将提高所要宣传的产品的知名度，促进其销售。制作广告的过程，也就是一个造势的过程。

要想正确地运用"势"，最主要的是"择人"，毕竟社会是以人为中心的，有了恰当的人，就可以更好地发挥"势"的作用。一般地说，所择之人应当具备这样一种素质，即能够掌握和利用态势。同时，各类人才要因材施用。精打细算，一丝不苟，长于计算者，可用于理财；管理严格，不徇私情者，可用于企业管理；头脑灵活，经验丰富者，可用于采购，等等。总之，要人尽其才。经营也是一种用人的艺术，调动从业人员的积极性，发挥其所长，必将使经营大获成功，这就是"择人而任势"。

"择人而任势"是孙子在本篇提出的一项重要用人原则，这里的意思是，善于指挥作战的人，要依靠并善于造成有利的态势以取胜，而不苛求责备部属，所以，他能选择人才去利用和创造各种有利的态势。善于利用有利态势的人指挥作战，就像滚动木头、石头一般，一方面要了解木头（士兵）的特性，另一方面要依据客观环境条件（态势）充分加以利用。这就是择人任势，就是根据战争形势和任务的需要，选用合适的人才。

在战争中，有利的态势往往能决定战争的胜负，因此孙子极力提倡创造有利于自己一方的态势，在这个基础上，要选择熟知军事又知人善任的将领，出奇制胜地打击敌人。这里包含着一条重要的作战规则，就是对人才的选择和使用问题，择人任势主要就是说用人要用其所长，避其所短。事物有短长，人才有高下，用人如器，重要的在于各取所长。

俗话说，没有无用的人才，只有不会用人的领导。综观古今中外，有作为的领导者无一不是用人之长者。首先要礼贤下士，对贤才要有如周文王对姜尚那样的纳贤精神，要有刘备对诸葛亮三顾茅庐那样的纳贤品德；其次要用好才，用才要有豁达态度，用人不疑，用人不妒。尺有所短，寸有所长，用人要用其长避其短。

会用人，用对人，关系到事业的兴衰成败，作为领导者，用人的关键是知人，领导理智地认识下属，对每位助手的特点了然于心，才可能不出现大的用人失误。刘邵在《人物志》中对不同个性的人具有的长处和短处做了如下论述：性格刚强、粗犷的人，不善于处理细节，所以他们总的说来有雄才大略，却又有不拘小节、粗心大意的毛病；太严厉的人，缺乏灵活性，他们在依法办事上严格公正，但说到变通却格格不入；宽宏大量的人，不够敏捷，他们为人宽厚周全，可谓仁至义尽，但在抓紧时机办事上却行动迟缓，工作效率较低；喜欢与众不同的人，追求超凡脱俗，标新立异，他们如果运用权谋会显得卓异出众，而致力于清静无为之道，则会违背常理、不切实际。

魏武帝曹操下诏说："有进取心的人，不一定有德行。有德行的人，不一定有进取心。陈平难道是忠厚的人？苏秦难道是守信用的人？但陈平为奠定汉王朝基业发挥了重要作用，苏秦帮助弱小的燕国收复了失地，这是用其所长的结果。"

金无足赤，人无完人，世界上没有完美无瑕的人，就是被人们公认的好人中，也没有完美无缺的。诸葛亮是刘备的得力军师，可如果让他提刀上阵杀敌会如何呢？可见，无论何人都有其长处和短处。无论是政治领导者、军事指挥家，还是企业领导者，凡是想成就一番事业的，无不讲究用人之道。

诸葛亮说："老子善于修身养性，却不适合应付危难；商鞅善于进行法治，却不适合施行教化；苏秦、张仪善于游说，却不适合缔结盟约；白起善于攻城略地，却不适合团结民众；伍子胥善于图谋敌国，却不知道如何保护自己；尾生的优点是守信用，却不适合应变；前秦王嘉善于与英明的君主相处，却不适合侍奉昏君；许自将善于评论别人的优劣好坏，却不会笼络人才。"这就是用人之所长的韬略。

尼克松是一位有战略头脑的政治家，尤其在用人方面表现了他"择人而任势"的智慧。1968年12月2日，尼克松当选为第37届美国总统，随后，他任命基辛格为"总统国家安全事务助理"一职。基辛格不仅是一位足智多谋的国际战略家，也是一位精明干练的战略实践家。作为顾问、智囊，他审时度势、深谋远虑；作为助手、使者，他忠贞不渝，周旋于美国朝野，活跃在世界各地，在当代国际大舞台上为美国和尼克松政府演出了一幕幕具有时代意义的精彩剧目。其中，最能反映基辛格深谋远虑、智勇兼备独特风格的，莫过于中美秘访的"波罗行动"和越南停战的"巴黎谈判"了。尼克松大胆启用了劲敌人物基辛格，而基辛格的谋略使尼克松在任总统期间政绩卓著。

贤才好比是一匹千里马，需要伯乐的发掘，更需要好的培养、任用机制及施展才华的环境。兵家不仅特别强调人才和人力资源的开发，注意采用激励的方法来充分发挥人的潜能，注重士卒的教育训练及人员的合理配置，从而达到增强战斗力的目的。而且，在强调选用人才的过程中，还十分重视组织整体的上下同心，认为好的人才只有融合到组织的整体中去，才能充分发挥其聪明才智。

微软的董事长比尔·盖茨经常讲，他的主要工作就是迅速发掘和雇佣最优秀的人才。为了帮助 IBM 开发个人计算机操作系统，盖茨购买了西雅图另一家公司的早期成果，雇用了该公司最顶尖的工程师蒂姆·帕特森，在此基础上推出了MS—DOS 操作系统。张瑞敏也曾说过："企业最大的财富不在有多少资产，而是人才。"人才是企业持久不衰的利润源泉，聚揽人才，集于一麾之下，已成为一个企业长远发展的不二法门。海尔倡导人人是人才、赛马不相马的人才观，对人才提出要求才、识才、容才、用才、培才、育才、护才、将才的观点，呼吁企业必须关心人、理解人、尊重人、爱护人，从而使海尔成为一个永远年轻富有活力的成功企业，而之所以成功，人才是关键。

所以说，作为企业的经营管理者，要善于激励士气，调动企业员工的能动性，根据人的需求动机，将贡献与福利结合起来，用关心人、激励人、逐步满足人的方法，使员工个人的需求与企业的目标联系起来，上下同欲，充分调动人的主动性和积极性去进行创造性的工作，强化员工对企业的归属感。

所以说，择人而任势，可以激发团队的积极性。

竞争智慧

◇择人而任势，激发团队的积极性。

◇经营也是一种用人的艺术，调动从业人员的积极性，发挥其所长，必将使经营大获成功。

◇人才是企业持久不衰的利润源泉，聚揽人才，集于一麾之下，已成为一个企业长远发展的不二法门。

第六章
孙子与我聊竞争的策略与手段

《孙子兵法》强调策划在整个作战过程中的关键作用。在商战除了拼产品质量、价格，还得拼策划。从商品营销的角度来讲，策划就是造势，有好的策划方案本身就意味着在具体操作上具有优势。企业造势的舞台在市场，通过各种营销宣传方式在市场上宣传自己，以引起人们的注意，激发人们的潜在需求以达到促销的目的。为此，要想在竞争中求得生存，必须学会运用策略与手段来为自己造势，只有这样，企业才能做强做大。

因粮于敌，是壮大企业的高明策略

【聊天实录】

我：孙老先生，您对竞争中的策略与手段有何高见？

孙子：我曾说过：善用兵者，役不再籍，粮不三载，取用于国，因粮于敌，故军食可足也。

我：您这句话该如何解释呢？

孙子：这句话的意思就是：善于用兵的人，兵役不一再征集，粮草不多次运送，刚开始由国内供应，开战后要想办法从敌人那里解决。如此，部队所需要的粮秣就可以充足供给了。

我：您的意思是指在敌国境内就地解决粮草补给的后勤保障原则，这既获得了粮草及时补给的便利，又削弱了敌方的补给能力。那么，在商业活动中，"因粮于敌、以战养战"与"借钱生钱"、"借鸡生蛋"是一致的。也就是说，企业经营者如果要到外地或外国去办企业，与外地或国外的同行企业进行竞争，您的"因粮于敌"的策略也是极有用的。依据这种策略，企业经营者应该开发当地的资源，利用当地劳动力进行生产，然后将产品在当地销售，获得利润。就地取材、就地生产、就地销售，可以使企业减少长途运输的支出，大大降低生产成本，从而在竞争中取得明显的优势。

孙子：是的，因粮于敌，是壮大企业的高明策略。

【解读】　　❧　洛维格因"借钱生钱"而发家　❧

在战争中，这种就地取材、以战养战的策略，与商业活动中借地生财、借钱生钱的做法是一致的。

　　没有一个企业主不希望自己的企业成功，而获利的前提之一是必须有足够的资金。但对于创业和发展中的企业，资金显然是一个困扰性的话题，这时企业主显然可以采取一种用借来的钱赚钱的方式，俗称"借鸡生蛋"。

　　在用别人的钱来创造自己的事业方面，美国商界大亨洛维格是一个成功的范例。洛维格9岁时，他发现一艘沉入水底的小汽船。他用自己打零工的钱，再加上向父亲借的钱，凑了25美元，买下了这艘沉船，然后把它打捞上来，花了一个冬天修好它，再把船租出去，赚了50美元，这是他第一次发现了借钱的作用。但真正懂得借钱的价值，并创造性地借钱生利，还是在他40岁时。当时，他准备借钱买一艘货船，改装成油轮，以赚取更多利润。因为载油比载货更有利可图，他到纽约找了好几家银行，但人家看了看他磨破的衬衫领子，便拒绝了他。这时，他想了一个办法，他有一艘油轮，他以低廉的价格把它包租给了一家石油公司，然后拿着租契再去找银行，告诉他们租金可每月转入银行来分期抵付他所借贷的款项本息。银行考虑了这个看似荒诞不经的借款方案，尽管洛维格没有资产信用，但石油公司却有着良好信誉。银行每月收租金，刚好可以分期抵付贷款本息，银行并不吃亏。就这样，洛维格巧妙地利用石油公司的信誉为自己贷到了款，他买了一艘船。这样，每当一笔债付清后，洛维格就成了某条船的主人，他的资产、信用以及他的衬衫领子，都迅速改善了。

　　洛维格更巧妙的借钱策略还在后面。他设计一艘油轮，在还没开工时，他就找到人，答允在船完工后把它租出去。他拿着租约，去找银行借钱。银行要船下水之后，才能开始收钱。船一下水，租费就可转让给银行，这样，贷款也就可以分期付清了。这种想法，开始时使银行大大吃惊，因为洛维格等于是在无本生利，他一分钱不用出，靠银行贷款来造船，又靠租船的租金来还贷款。但银行最终还是同意这样做，这不但是因为洛维格的信用已没有问题了，而且还有租船人的信用加强还款保证。洛维格靠这种方法，建造了一艘又一艘船，他的造船公司成长起来。

生意人们都希望通过借贷来发展生意，但像洛维格这样创造性地借钱生利，却不多见。洛维格拿别人的钱打天下，他成功了，他的成功对我们不是一种启迪吗？

通过上面的例子，我们显然可以看出在现代经济中，"谋借"对于一个企业主动成功有多么大的意义。当然借钱是要还的，而且还要付利息，甚至贷款的利息要比存款利息高。借钱来生财当然是有风险的，但如果不冒这个风险，你就连第一步也迈不出去。一位获得成功的企业主说："我最需要的就是让别人来强迫我做那些我自己能做，而且应该做的事情。换句话说，就是需要一种压力。"强迫自己借钱，就给了自己一种压力，使你陷入背水一战的局面。你只好强迫自己行动起来，改掉散漫的习气，使资金尽快周转起来，这就是借钱的第一作用。当然更重要的是借钱能使你的企业能够更适应于目前的生意形式，使企业运转起来，而且使你更慎重地审视你自己的投资方向。

作为一个生意，最主要的还是应了解借钱的具体方式、操作技巧以及其中的一些原则和作借钱决策时应注意的问题了。总的来说，在现代经济中，借钱的具体方式可以分为：银行贷款、企业内部融资、租赁业务、商业信用等等。生意人只要认真掌握其技巧，自然可在商海之中纵横捭阖，解除资金上的后顾之忧了。也可以说，生意人只要"借钱"成功，就为今后生意的发展开拓了更广阔的前景。

要善于"因粮于敌"

纵观古今，可以说，战争依赖于经济。为什么这么说呢？毋庸置疑，诸葛亮六出祁山，屡战屡败，屡败屡战，其失败的一个重要原因，就是因为粮草供应不上。纵观古代历次著名战役，为将者无不视后勤补给（特别是粮草）为生命之源、胜利之本。拿破仑远征莫斯科，俄国人坚壁清野，使得拿破仑在粮食告罄、御寒无衣的情况下，惨败而归。现代战争，如越南战争，美国耗费了近千亿美元，大伤国家元气，最终不得不以失败而告终。

孙子为解决后方补给给战场需要的矛盾，提出了"因粮于敌"的主张，反映了他取之于敌、用之于战、以战养战的战略思想。

"因粮于敌"是孙武重要的军事经济思想，他这种"就地取材，以战养战"的办法，其实是与商业活动中"借地生财"、"借钱生钱"是一致的。在商业经营中，"因粮于敌"也是一个重要策略。

在国际企业竞争中，美国耐克制鞋公司将产品销往亚洲时，尽量利用当地的原材料和工资水平较低而又刻苦勤奋的亚洲劳动力进行生产。过去较长一段时间里，大部分耐克鞋都是在韩国和中国台湾生产的，后来，这两个地区的劳动力成本上升，该公司承包商又把一部分生产转移到工资更低廉的中国大陆、印尼和泰国。目前，约有 7.5 万名亚洲合同工专门制造耐克鞋，而在中国大陆生产的耐克鞋已占该公司鞋总产量的五分之一。耐克公司制作的鞋一向以质量高、品种多、款式新著称，由于采用"因粮于敌"的策略，又使它的生产成本大大降低，在市场竞争中更增加了优势。用这种策略做指导，耐克公司每年可在全球各地销掉 9000 万双鞋。1992 年，耐克公司总收入高达 34 亿美元，比 1991 年又增长 15%。

国内企业进行竞争，"因粮于敌"的策略也是可行的、有效的。上海永久股份有限公司是一家老企业，生产名牌"永久"自行车已有 58 年的历史。他们经过精心周密的调查发现，西南地区拥有广阔的自行车销售市场，仅广西一带每年对自行车的需求就达 80 万辆，并且该地区无论是原料还是劳动力，其价格都低于沿海发达地区。于是，他们在 1997 年年初，出资 400 万元收购原柳州八达车业有限公司 51% 的股权，组建永久八达车业有限公司，在当地生产"永久"牌自行车。由于"因粮于敌"策略的成功，"永久"牌自行车以其可靠的质量、低

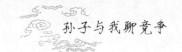
廉的价格畅销于我国西南地区,永久股份有限公司这家老企业又焕发出青春活力。

可见,在商战中,企业经营者采取这种"因粮于敌"的策略,就地取材、就地生产、就地销售,不仅可以使企业减少长途运输的支出,大大降低生产成本,在竞争中取得明显的优势;而且,还可以利用竞争对手的资源壮大自己企业的实力,实在是一种高明的竞争策略。

竞争智慧

◇因粮于敌,是壮大企业的高明策略。

◇在战争中,这种就地取材、以战养战的策略,与商业活动中借地生财、借钱生钱的做法是一致的。

◇国内企业进行竞争,"因粮于敌"的策略也是可行的、有效的。

避实击虚,商家制胜的一大策略

【聊天实录】

我:孙老先生,您对竞争中的策略与手段有何高见?

孙子:我曾说过:夫兵形象水。水之形,避高而趋下;兵之形,避实而击虚。

我:您这句话该如何解释呢?

孙子:这句话的意思就是:用兵作战的规律就像流动的水一样,水的流动总是避开高处向低处流,而作战的规律总是避开敌人坚实的地方而攻击其虚弱之处。

我:您的意思是说,您认为用兵的规律好像水的流动,水的流动,是避开高处而流向低处；战争的规律，是要避开敌人坚实的地方而攻击敌人的弱点。那么，在竞争中，双方都在千方百计地示假隐真，真正的企图和外部表象有很大的差异，领导者一定要先准确地判断对方的虚实布局，知其长短，以便有针对地做出调整，制定符合客观规律的策略，而后付诸实施，达到制胜的目的。

孙子：是的，避实击虚，是商家制胜的一大策略。

【解读】 ❧ 管仲的"避实击虚"策略 ❧

管仲画像

春秋时期，齐桓公在位时出现了严重的财政困难，于是打算增加税收，这就等于把国家的经济负担转嫁到了老百姓头上，相国管仲竭力反对制定这样的政策。齐桓公又提出征收房屋税、牲畜税、人头税等方法，都被管仲否决了。管仲认为，光靠征税来解决财政困难是难以成功的，因为征收每种税都会带来副作用。接下来，管仲提出了"官山海"的方法。所谓官山海，就是管山海。当时山主要产铁，海主要产盐，盐铁的生产有一定的场地和数量，而且是生活必需品，管山海就是管盐铁的专卖。管仲认为，只要实行盐铁专卖，就可解决财政困难。西周时期，盐铁均为私营，国家只征收山海税和关市税，盐铁的盈利大部分为私商所得。管仲提出将这两项商品的经营权收归国有，实行专卖，就是将私商的利益转移到国库之中。这样做，不同于向百姓征收其他的税收，牵涉面不广而获益巨大。管仲虽将盐铁的经营权收归国有，但国家只是控制流通环节，即负责购与销，生产还是由私商负责，也让他们获得一部分利益。这样一来，盐铁的私商也不便反对这一政策，而国家的财政收入却

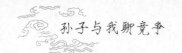

大大增加了。

怎样制定经济政策，关系到国计民生及天下兴亡。管仲的"避实击虚"实在是高明，避开老百姓人人敏感的地方，免遭百姓的反对与怨言，而选择与百姓没有直接联系的盐铁上下功夫。这样，不会直接牵扯到百姓的生活，自然就不会遭到百姓的反对。从管仲理财富国的方式可见，"避实击虚"之法体现了他善于生财、聚财、理财，而且做到了心平气和、不露声色，既不增加百姓的负担，也不损害国家的利益。既将盐铁的经营权收归了国有，又保护了私商的利益，让他们有生产的积极性。竞争的规律是避开对手强盛之处，而去攻击其虚弱的地方，集中资源寻找竞争对手的弱点，做到用自己之实攻击他人之虚，将竞争对手原来有利的地位转变为对自己有利的地位，保持自己在未来发展中具有绝对竞争实力。同时，在竞争中，要知己之所长所短，也要知彼之所长所短，只有把竞争双方的虚实之处看清楚，才能发挥自己的优势，以己之长击他人之短，或根据不同环境情况另辟路径，这其实也是人生竞争的虚实所在。

要善于避实击虚

何谓虚实？孙子说："兵之所加，如以碫投卵者，虚实是也。"碫（石块）是坚硬之物，喻为军事上的"实"；卵是脆弱的，比作军事上的"虚"。军队进攻敌人当避实击虚，以破击卵。孙子认为，军事力量的虚实，不仅仅是兵力的多寡，还有士气的高低，战斗力的强弱，管理上治乱，将帅谋略的得失，作战准备的情况，地形条件是否有利等因素。

中国古代兵书《唐太宗李卫公问对》开篇就说："观诸兵书，无出孙武，孙武十三篇，无出虚实。"虚虚实实，变化无穷，其中又会产生千千万万的计谋，最关键的就是要选准对手的虚弱之处，同时抓住时机乘虚而入。或者说，对于非常强大的敌人或障碍，不能一味地直线前进，盲目蛮干。反过来变化一下思路，不去向强敌直接挑战，不去触动和攻击障碍本身，而是采取避实击虚、避重就轻的迂回方式，这样可使对方不攻自破或不堪一击。所以说，对于存在的问题，要根据具体情况做具体的分析研究，理智地避其锋芒，绕道而行，不争一时之气，取得最终的胜利才是根本。

《管子·分制》中也说："凡用兵者，攻坚则韧，乘瑕则神，攻坚则瑕者坚，乘瑕则坚者瑕。"意思是，用兵打仗，攻击对手的实处，难以击败对手。攻击对手的虚处，就能轻而易举地取胜。因为攻击对手的实处，即使对手总体实力弱，也可能转为强者。攻击对手的虚处，即使其总体实力强，也会转为弱者。事实上，无论战场上的竞争还是社会其他领域的竞争，无论古代还是现代，抓住时机，避实击虚都是一条克敌制胜的好方法。

在经营中避实击虚自当与战事中的避实击虚有别。经营中虚与实，是指市场上商品饱和量的虚与实，顾客需求满足程度的虚与实，竞争对手竞争力量的虚与实。比如市场上有些商品饱和了，顾客需求基本满足了，可能还有一些市场，但有更强有力的生产者在生产这个产品了，那么，一般说就应该避开这个"实"，不要再去生产这个产品了。相反，有的商品，在市场上还是一片空白，消费者又很需要，竞争对手还没有涉足这儿，那么，你就应该"偷袭"一番，乘"虚"去占领这块市场。

战场上袭缝处，多是出现在防御的薄弱地带，或在部队运动中速度差距所形成的间隙地带，或在部队协同作战中协同松散所出现的空隙地带等。市场上也会出现需求断层地带，出现这类情况有它自己的原因，或因为企业家还没有认识到这块断层地带的意义，或因为商品流动中出现了空间差，商品销售的东风还没有把这商品送入这个"玉门关"，或因为迟到的时间，使某种商品还没有被热销起来，如此等等。在这些市场中的袭缝带，企业家们完全可以大作为一番，把断裂了的市场需求填充起来。

　　江苏苏南地区有一家橡胶厂，是生产胶鞋类产品的。该厂厂长一次在报上看到一位领导同志说，要提高我国足球水平，必须从娃娃抓起，顿时受到启发，认为这是一个尚未被人们注意的市场。于是，他"偷袭阴平"，"伏击神头"，开发了一种供儿童使用的儿童足球，起名叫贝贝足球。为儿童干了一件好事，为自己事业的发展开辟了一块新天地。

　　实际上，在我国市场里，这种空隙地带有的是，比如老年服装，1987 年 11 月搞了一次全国性的服装展销，展出的老年服装其面孔仍然是老兰样——蓝、灰、黑，其款式仍然是老三套——宽、肥、大，显然不太符合现时老年人的新需求了。现时的老年人也爱美，需要轻而不浮、松而不散、薄而不飘、华而不丽的那类服装。像这样的市场之"虚"，顾客需求之"虚"，竞争者尚未注意到的或虽然注意到了但力所不及的"虚"，企业家不妨去奇袭一番。

　　事物有强有弱，弱者有强的方面，强者也有弱的方面。如果以强者对弱者，结果可想而知；如果以弱者之强对强者之弱，情况自会大为改观。这也说明了一个道理，"避实击虚"，必将取胜，当然，强者也可以利用弱者的弱点，一击而就。

　　在商品社会中，"实"和"虚"表现在饱和与需求、密集与稀疏、优质与平庸、先进与落后、昂贵与价廉、充足与短缺、知名与无名、灵活与呆板、新潮与旧式等方面。"避实击虚"要从市场调查入手，了解市场的消费结构、消费趋势、消费变化、消费心理以及竞争对手的商品信誉、销售手段、商品价格、市场覆盖面等，然后，以自己的质量优良击败对方的质量低劣，以自己新潮样式击败对方落后样式，以自己品种、花色齐全击败对方单一、短缺，等等。总之，"避实击虚"是要尽量避开对方长处，而以己之长击其短，也就是"以实击虚"。

　　虚实是古代兵法中一个重要的命题，能够抓住敌人的虚就是抓住了敌人的要害。用兵之道，虚中有实，实中有虚，虚虚实实，变化无穷。"避实击虚"，大有妙用，可以应用于生活的各个方面，从而使生活更加绚丽多彩。当然了，不要把良好的策略与卑鄙的蒙骗等同起来。

竞争智慧

◇避实击虚，是商家制胜的一大谋略。

◇无论战场上的竞争还是社会其他领域的竞争，无论古代还是现代，抓住时机，避实击虚都是一条克敌制胜的好方法。

◇虚虚实实，变化无穷，其中又会产生千千万万的计谋，最关键的就是要选准对手的虚弱之处，同时抓住时机乘虚而入。

不走寻常路，才能从竞争中脱颖而出

【聊天实录】

我：孙老先生，您对竞争中的策略与手段有何高见？

孙子：我曾说过：战势不过奇正，奇正之变，不可胜穷也。

我：您这句话该如何解释呢？

孙子：这句话的意思就是：战术不过奇正两种变化，但其间的变化却是无穷无尽的。

我：您的意思是说，即使是打了胜仗的经验，也不应重复使用，而应该根据当时的具体情况，采取新的对策方能取胜，一味地照搬"复制"前人的做法是不能取胜的。那么，如果在商场中，"以奇胜"用于创业者的现实中，就是说创业要能标新立异，以创新求发展，不走寻常路，那么，企业一定能从竞争中脱颖而出。

孙子：是的，不走寻常路，才能从竞争中脱颖而出。

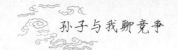

【解读】   伊夫·洛列 "不走寻常路"

    法国美容品制造师伊夫·洛列是靠经营花卉起家的，他在一次新闻发布会上感触颇深地说："能有今天，我当然不会忘记卡耐基先生，他的课程教给了我一个秘诀，尽管我过去对它未能予以足够的重视，而现在我却要说，创新的确是一种美丽的奇迹。"

    伊夫·洛列 1960 年开始生产美容品，到 1985 年，他已拥有 960 家分号，各个企业在全世界星罗棋布。

    伊夫·洛列生意兴旺，财源茂盛，摘取了美容品和护肤品的桂冠，他的企业是唯一使法国最大的化妆品公司"劳雷阿尔"惶惶不可终日的竞争对手。

    这一切成就，伊夫·洛列是悄无声息地取得的，在发展阶段几乎未曾引起竞争者的警觉。

    他的成功有赖于他的创新精神。

    1958 年，伊夫·洛列从一位年迈女医师那里得到了一种特效药膏秘方，这个秘方令他产生了浓厚的兴趣，于是，他根据这个药方，研制出一种植物香脂，并开始挨门挨户地去推销这种产品。

    有一天，洛列灵机一动，何不在杂志上刊登一则商品广告呢？如果在广告上附上邮购优惠单，说不定会有效地促销产品。

    这一大胆尝试让洛列获得了意想不到的成功，当他的朋友还在为他的巨额广告投资惴惴不安时，他的产品却开始在巴黎畅销起来，原以为会泥牛入海的广告费用与其获得利润相比，显得轻如鸿毛。

    当时，人们认为用植物和花卉制造的美容品毫无前途，几乎没有人愿意在这方面投入资金，而洛列却反其道而行之，对此产生了一种奇特的迷恋之情。

    1960 年，洛列开始小批量地生产美容霜，他独创的邮购销售方式又让他获得巨大成功。在极短的时间内，洛列通过各种销售方式，顺利地推销了 70 多万瓶美容品。

如果说用植物制造美容品是洛列的一种尝试，那么，采用邮购的销售方式，则是他的一种创举。

时至今日，邮购商品已不足为奇了，但在当时，这却是行之所未行。

1969 年，洛列创办了他的第一家工厂，并在巴黎的奥斯曼大街开设了他的第一家商店，开始大量生产和销售美容品。

伊夫·洛列对他的职员说："我们的每一位女顾客都是王后，她们应该获得像王后那样的服务。"

为了达到这个宗旨，他打破销售学的一切常规，采用了邮售化妆品的方式。

公司收到邮购单后，几天之后即把商品邮给买主，同时赠送一件礼品和一封建议信，并附带制造商和蔼可亲的笑容。

邮购几乎占了洛列全部营业额的 50%。

洛列式邮购手续简单，顾客只需寄上地址便可加入"洛列美容俱乐部"，并很快收到样品、价格表和使用说明书。

这种经营方式对那些工作繁忙或离商业区较远的妇女来说无疑是非常理想的，如今，通过邮购方式从洛列俱乐部获取口红、眉笔、唇膏、浴液、香波和美容护肤霜的妇女已达 6 亿人次。

伊夫·洛列通过邮售建立与顾客的固定联系，他的公司每年收到 8 千余万封函件。有些简直同私人信件没有两样，附着照片和亲笔签名，信中叙友情，表信任，写得亲切感人。当然，公司的建议信往往写得十分中肯，绝无生硬地招揽顾客之嫌。这些信件中总是反复地告诉订购者：美容霜并非万能，有节奏地生活是最佳的化妆品。而不像其他商品广告那样，把自己的产品说得天花乱坠，功效无与伦比。

公司通过电脑建立了一千万名女顾客的卡片，每逢顾客生日或重要节日时，公司都要寄赠新产品和花色名片以示祝贺。

这种优质服务给公司带来了丰硕成果，公司每年寄出邮包达 900 万件，相当

于每天3万～5万件。1985年，公司的销售额和利润增长了30%，营业额超过了25亿，国外的销售额超过了法国境内的销售额。

如今，伊夫·洛列已经拥有400余种美容系列产品和800万名忠实的女顾客。

伊夫·洛列经过辛勤的劳动和艰苦的思考，找到了走向成功的突破口和契机。化妆品市场竞争的激烈程度令人触目惊心，如果亦步亦趋，墨守成规，那肯定只能成为落伍者。

伊夫·洛列设计出与强大的竞争对手完全不同的产品——植物花卉美容品，使化妆用品低档化、大众化，满足了众多新、老顾客的需要，所以他把竞争对手远远地抛在了后面。

洛列力求同中求异，另寻蹊径，打破传统的销售方式，采用全新的销售方式——邮售，赢得了为数众多的固定顾客，从而为不断扩大生产打下了一个坚实基础。

不走寻常路，从竞争中脱颖而出

自古以来，兵家采用设伏、奇袭而获胜的战例屡见不鲜。但每次设伏和奇袭方法上都各有所不同；诱敌深入、后发制人、暗度陈仓、围魏救赵之类的谋略思想，兵家不知反复用过多少次，但凡能用之获胜者，就在于适其时，合其情，活用其法。所以说，战胜不复，不是说前人的经验不可取，而是要防止部分时间、地点、敌情、我情，一味照搬"复制"前人的做法。

是的，成功不是简单的重复。要取胜就必须懂得变化，这就要采取反常的策略，才能在任何环境中都立于不败之地。"创新者生，墨守者死"，事物是不断发展变化的，只有变化才能生存，也只有跟上时代的变化才能求得发展。

市场商机无限，重要的在于"出奇"。《孙子兵法·势篇》强调："夫战者，以正合,以奇胜。故善出奇者,无穷如天地,不竭如江河。"这一精辟哲理,在商战中已为我们一些经营有方的企业一再证实。

有时候,一个令常人想都不敢想的做法,往往会有令人意想不到的收获。所以,现在企业要提高竞争力必须大力提倡实行体制创新、管理创新,但更重要和更根本的则是思维方式的创新、思想观念的创新。思想观念不转变,机遇站到你面前,你也只会是视而不见,坐失良机,这正是"以奇胜"的前提条件。

万事万物都处在变化之中,为了适应不断变化的情况,就不能墨守成规,要不走寻常路,要创新。所以说,在现代商战中,一定要善于运用一些策略与手段,才能立于不败之地。

竞争智慧

◇不走寻常路,才能从竞争中脱颖而出。

◇成功不是简单的重复。

◇"创新者生,墨守者死"事物是不断发展变化的,只有变化才能生存,也只有跟上时代的变化才能求得发展。

借用名人效应,有气势才能所向披靡

【聊天实录】

我:孙老先生,您对竞争中的策略与手段有何高见?

孙子:我曾说过:胜者之战民也,若决积水于千仞之溪者,形也。

我:您这句话该如何解释呢?

孙子:这句话的意思就是:胜利者指挥军队与敌作战,就像在万丈悬崖决开山间的积水，所向披靡，这就是"形"。

　　我：您的意思是主张在军事实力的基础上，创造利用有利的态势，使实力得到有效发挥的作战办法。您认为作战的胜负，实力是基础。但要使实力得到充分的发挥，还必须通过合理的部署，造成有利的态势。这种态势要险峻，节奏要短促，如"激水之疾，至于漂石"，"势如弩，节如发机"。有了这种态势，军队可以变怯为勇，变弱为强。而对于现代企业来说，"势"的形成则主要是靠广告，尤其是用明星做广告，其所形成的"势"更为强大。

　　孙子：是的，巧借名人效应，有气势才能所向披靡。

【解读】　　小珠宝店巧用名人效应，财运亨通

在英国的伦敦，有一家小型的珠宝店，开张伊始店老板就扬言，要获得令同行们刮目相看的经营业绩。然而，四年过去后，这家珠室店却因经营不善，濒临倒闭，同行们都讥讽店老板是"癞蛤蟆想吃天鹅肉"，店老板真是走投无路，冥思苦想着改善困境的对策。

机会终于来了。1985年，查尔斯王子和黛安娜王妃要举行婚礼，一时成为轰动英国以至全世界的新闻。黛安娜王妃容貌绝伦、仪态超群，令绝大多数英国人为之仰慕、倾倒，她甚至成了众多青年人崇敬的偶像。店老板想，如果能抓住这个千载难逢的机会，利用公众对王子王妃婚礼盛典的专注心理，导演一出虚假而又逼真的广告剧，必定能使自己的珠宝店摆脱困境，大发其财。

于是，他四处搜寻长得像黛安娜王妃的年轻女子，历经艰苦，终于被他找到了一个相貌酷似黛安娜的时装模特。他重金聘用这个模特，对她从服饰、发型到神态、气质都做了煞费苦心的模仿训练。待到看不出破绽之后，店老板便向电视

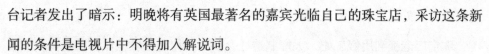

台记者发出了暗示：明晚将有英国最著名的嘉宾光临自己的珠宝店，采访这条新闻的条件是电视片中不得加入解说词。

第二天晚上，这家珠宝店灯火辉煌，店老板衣冠一新，神采奕奕地站在店门口，像是要恭候要人光临，此举顿时吸引得许多过往行人驻足观望。不一会儿，一辆豪华的轿车缓缓地驰到了门口，车一停下来，店老板便立即走上前去彬彬有礼地打开了门。那位相貌酷似黛安娜王妃的模特从容地从车上走下来，嫣然一笑，还向聚拢来的行人点头致意。有人喊了一声："看，黛安娜王妃。"众人真的以为是黛安娜王妃来了，不及辨别便蜂拥而上，争相一睹黛安娜王妃的风采，挤到前头的青少年还为吻上了"黛安娜王妃的手"而得意非常。电视台的记者不敢怠慢，急忙打开录像机频频摇动，警察怕影响"王妃"的活动，急忙过来维持秩序。

店老板此时更是从容不迫，先是感谢"王妃"的光临，随后笑容可掬地引她参观，店员们按老板的吩咐，相继介绍项链、耳环、钻石等名贵饰品，"黛安娜王妃"则面露欣喜，边挑边称赞。

第二天，电视台播放了这出以假乱真的新闻录像，因受老板的关照，被蒙在鼓里的记者，把它拍成了"默片"，自始至终没有一句话和一句解说词，屏幕上出现的只是热烈非常的场面和珠宝店的店客。这一下震动了伦敦全城，人们纷纷传播这个重要的新闻，原来不知道这家珠宝店的人们不住地打听这家珠宝店的地址，都想在黛安娜王妃来过的珠宝店里买一件首饰当作礼品送人。青年人、黛安娜迷们爱屋及乌，络绎不绝地跑来抢购"黛安娜"所喜爱的各种首饰。原来生意清淡、门可罗雀的小珠宝店，顿时门庭若市，生意兴隆，叫老板和店员们应接不暇。短短的一个星期，这家珠宝店就获利 10 万英镑，超过开业 4 年来的总和。

这则消息传到白金汉宫，惊动了皇家贵族，皇家发言人立即郑重地发表声明："经查日程安排，王妃没有去过那家珠宝店。"要求法院判处那家珠宝店的老板犯了诈骗罪。发了大财的珠宝店老板却振振有词地说："电视片中没有一句话，我也没有说嘉宾是黛安娜，这在法律上不能构成犯罪，至于围观的公众'想当然'

171

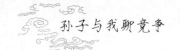

地把她当成王妃，我是无法阻止的。"

珠宝店老板利用假王妃，大肆制造社会新闻，使得伦敦全城沸沸扬扬，珠宝店也因此柳暗花明，绝处逢生。此举假借了权威效应，珠宝店老板深知黛安娜王妃在英国公众心目中的权威性，故请来一位模特扮演成王妃，光顾他的珠宝店，又巧妙地通过电视台加以宣传，从而大大提高了他的珠宝店的知名度和美誉度，吸引来众多的顾客，实现了预期的宣传效果，扩大了销售。这种手段，从道德上说，有愚弄公众之嫌，不宜提倡，但是，若能正确地在商业活动中利用权威效能，则是商战制胜的不二谋略。

有气势才能所向披靡

当企业有了一定的基础、一定的实力之后，还需要扩大影响，让广大用户和消费者知道它，这样才能广开销路。所以提高其知名度的问题就会被提到日程上来，这就是"造势"，造势是以企业已有的一定的物质条件为基础的。

借名人效应来宣传企业是当今商战的共识，特别是对一些处于经营困境的企业，效果更佳。

在商战中，名人只是一棵大树，而自己的智慧才是花朵，只有将二者巧妙结合，方能相映生辉，形成夺目之势。据载，西方某出版商手头积压了一批卖不出去的书，眼看要蚀本，情急之下想出一个主意，将书送给总统一本，并三番五次去征求意见，忙于公务的总统不愿与之多纠缠，便信口应付了一句："这书不错！"次日书商大做广告："现有总统喜爱的书出售。"于是陈书被抢购一空，不久书商又有一批难卖的书，便照方抓药。总统上了一回当，这次一并趁机奚落书商说："这书糟透了！"次日，出版商同样大做广告："现有总统讨厌的书出售！"结果又一批滞销书被售罄。当书商第三次求教于总统时，总统紧闭"金口"不置一词，不料书商的广告词是："现有总统难以下结论的书，欲购从速。"于是又一批滞销书被一抢而空。人说奸莫如商，应该说是"尖"不过商。与其说这位精明的商人是钻了总统的空子，倒不如说是利用了人们盲目崇拜名人、盲目追求时髦的心理。

由此可见，市场竞争越激烈，企业受到的压力就越大，在企业内外造势就越有必要。为此，要学会造势，学会借用名人效应，有气势才能所向披靡。

竞争智慧

◇借用名人效应，有气势才能所向披靡。

◇在商战中，名人只是一棵大树，而自己的智慧才是花朵，只有将二者巧妙结合，方能相映生辉，形成夺目之势。

◇市场竞争越激烈，企业受到的压力就越大，在企业内外造势就越有必要。

商场如战场，不妨借"诡诈"制胜

【聊天实录】

我：孙老先生，您对竞争的策略和手段有何高见？

孙子：我曾说过：故兵以诈立，以利动，以分和为变者也。

我：您这句话该如何解释呢？

孙子：这句话的意思就是：用兵是凭借施诡诈出奇兵而获胜的，根据是否有利于获胜决定行动，根据双方情势或分兵或集中为主要变化。

我：您的意思就是强调运用巧妙的伪装来造就优势主动的地位，在复杂、激烈的军事斗争中成为胜利的主宰。您的这句话也道出了企业经营的真谛：以灵活多变的手法经营企业，以利益为"饵"吸引顾客。比如有意识地压低单位利润水平，让利于民，以相对低廉的价格刺激需求，可以提高市场占有率企业知名度，实现企业长时期的发展和获利。

孙子：是的，商场如战场，不妨借"诡诈"制胜。

【解读】　"阿尔迪"利用"诡诈之术"美名远扬

1948 年，特奥·阿尔布雷希特的母亲不幸去世，留给他和哥哥卡尔的只有一个小得可怜的零售店。这一年，卡尔 27 岁，特奥 25 岁，兄弟二人努力奋斗，将小铺加以扩大，并增设了几家小分店，都叫"阿尔迪"。

由于资金有限，他们的小店显得既简陋又陈旧，只能出售一些罐头、汽水、点心之类的食品。一年结算下来，所赚的钱微不足道。怎样才能找到经营的窍门呢？兄弟二人商议了半天，仍然找不到答案。

一天下午，卡尔与特奥来到一家"消费商店"，这里顾客云集，热闹非凡。这种情形引起了兄弟二人的注意，到店门看，只见门外一张红色告示上这样写道：凡到本店购物的顾客，请您把发货票保存下来，到年终可凭票免费购买发货票额 3%的商品。

兄弟俩将"告示"看了又看，终于明白了。"窍门找到了！"兄弟二人兴奋地拥抱起来。第二天，全市所有的阿尔迪商店的门前，都贴上了一张引人注目的大红告示：本店从今天起，开始实行让利 3%，如果哪位顾客发现本店出售的商品并非全市最低价，且所降价格不到全市最低价格的 3%，可到本店找回差价，并有奖励。

这张告示，如同扔下一颗定时炸弹。这一天，全市所有的阿尔迪商店都门庭若市，生意兴隆。营业额一下子剧增好几倍。然而，兄弟俩发现，来阿尔迪商店购货的，大都是附近的居民，这说明生意的局限性，于是，他们在各大报纸、电台等媒体刊登和广播广告。

不久，"阿尔迪"就出现了新的购物热潮，仓库存货一抢而光。兄弟俩更是忙得不可开交，到处组织货源，以保证及时供应。接着，这座城市又出现了10多家新的阿尔迪商店。

自此，"阿尔迪"名声大振，家喻户晓。兄弟俩借机迅速扩大经营，把眼光投向四面八方。汉堡、科隆、波恩、多特蒙德等地，相继出现了"阿尔迪"，生意越来越红火。因为谁都知道，"阿尔迪"的商品最便宜，一般中产阶级、失业工人等，都成了"阿尔迪"的常客。

为了增加销售，阿尔迪商店实施"怪招"。有一段时期，阿尔迪商店发生了一连串的怪事：不少的顾客发现商店少收了顾客的钱款，当他们想把钱还回去时，商店的员工谢绝了，这是怎么回事呢？

原来，特奥曾做过多次测试，发现营业员每次找零钱所花的时间太多，大大影响了销售。如果将找零钱的时间都省掉，可以多出不少营业额，同时还可以卖出不少商品。于是，特奥决定，阿尔迪商店将所有商品价格的尾数改为0或5。

如此一来，"阿尔迪"所卖出的商品比其他商店便宜了将近一半，所以，无论富豪还是贫民，都乐意光顾"阿尔迪"。

"阿尔迪"因此而美名远扬。据统计，1990年，在整个德国有2000多家阿尔迪商店，而在美国、丹麦、比利时、奥地利等国也有数百家阿尔迪商店。

在德国，38%的罐头、蔬菜盒，32%的啤酒、果汁、汽水、牛奶，27%的黄瓜罐、瓶醋、色拉油、糕点、果酱、香肠、火腿、布丁产品，全都是由阿尔迪商店来出售的。

德国人在食品、饮料、香烟、化妆品、清洁剂、洗衣粉等日用消费品的消费总额为1980亿马克，而其中的23%，即455亿马克全落入阿尔布雷希特兄弟的口袋里。真可谓让利3%，赚遍天下。

总而言之，给顾客便宜就是要给企业最大的利润。

要善于借"诡诈"制胜

孙子认为用兵作战可以运用"诡道"行为，即诡诈的行为。他在列举了"能而示之不能，用而示之不用"，"利而诱之，乱而取之"，"攻其无备，出其不意"等十四种属于"诡道"的方法时认为这是"兵家之胜"，即兵家所以制胜敌人的奥妙所在。

在企业经营中，有时也可变通使用"诡道"。孙子认为诡道之术无固定之模式，其运用在于灵活，不妨借"诡诈"制胜。

是的，在你死我活，争夺激烈的商战中，要完成一场大规模的商战，诡道之术往往也是连环应用的。

俗话说"无利不起早"，正是这个道理。那么，商家要想在竞争中立于不败之地，要想在竞争中胜出，不妨利用"诡诈"之术，"利而诱之"就是一种"诡诈"，更是商战必胜的法宝之一。

顾客是商业活动的主体，而顾客所好是多方面的。

1.求实心理。实用和方便，强调商品的质量和实际效用，讲求适用、耐用、使用方便，并有良好的售后服务。

2.求安全心理。要求使用时保障安全，特别是药品、洗涤、卫生、电器、交通工具等。

3.求廉心理。即选价心理，要求经济实惠、物美价廉。

4.求新心理。追求商品的时尚和新颖，外观质量、品种、样式、款式等出新。

5.爱美心理。利于美化人们生活，具体是千差万别的商品。

6.慕名心理。喜爱名牌产品，信服名牌货。

7.仿效心理。对耐用消费品同别人保持同一步调的趋势，购买别人已拥有的同类产品。

8.侥幸心理。贪利思想驱使，想花小钱得大利。如"有奖销售"中奖有小轿车、摩托车、彩电等。

消费者的购买心理，对于生产者、销售者的经营具有相当大的影响。经营者应研究这些，为满足顾客要求，为受到他们的欢迎，要运用策略，投其所好，吸引更多的顾客，从而提高自己的竞争能力。

比如，日本有一家普拉斯公司，专营纸张、文具、图钉、回形针、尺子等文教小用品。开始经营不景气，濒临倒闭破产，后来仔细对购物者进行观察分析，发现购买者来购货，不是仅买一件，而是三五件一齐买，便想出了一个新颖的经营点子——文具组合，将文具及剪刀、透明胶带、小卷尺、塑料尺、小订书机、合成糨糊等，放进一个设计精巧、轻便易带的盒子里，盒子外表则印上色彩鲜艳和形象生动的图画。这一改造，其实只在包装的盒子上，因其迎合了中小学生的需要，也受到了机关及各界员工们的普遍欢迎，所以一经上市，很快就成为热门商品。上市的第一年，就销售了300多万盒，获得了意想不到的巨额利润。之后又进行了改进，向高档化、立体化发展，在盒子里安上电子表、温度计等，使它更臻完美，外形更精美、多样化，使其风行全球，普拉斯也就成了名牌商号。

由此可见，这里的诡诈，实际上就是"利而诱之"，而在经营中就是"投其所好"，其关键在于对消费者的购买心理仔细研究，认真分析，把自己置身于顾客的角度，想顾客之所想，求顾客之所求，从而追求适销对路的产品，探求最佳的经营方式和服务方式，以满足各类顾客的需求。

当然，企业竞争与军事战争不同，它是一个长期、反复，又有法律约束的过程，主要应该以可靠的产品质量和周到的售后服务赢得顾客的信任，战胜竞争对手。因此"诡诈"的方法必须谨慎使用，以不损害企业的形象和不触犯法律为原则。

为此，商场如战场，不妨借用"诡诈"来制胜。

竞争智慧

◇商场如战场，不妨借"诡诈"制胜。

◇商家要想在竞争中立于不败之地，要想在竞争中胜出，不妨利用"诡诈"之术。

◇"利而诱之"就是一种"诡诈"，更是商战必胜的法宝之一。

第七章

孙子与我聊竞争要灵活机动

　　《孙子兵法》中讲究军事作战不拘泥于常规，要根据主客观的条件而随机应变。只会纸上谈兵、循规蹈矩是不可能打胜仗的，只能处于被动地位。也就是说，如果能根据战况变化，灵活机动变幻战术，就能够打胜仗。在竞争激烈的商场上也是如此，能够根据具体情况做到随机应变，企业才能长盛不衰。

根据具体情况，灵活机动地对待"君命"

【聊天实录】

我：孙老先生，您对竞争要灵活机动有何高见？

孙子：我曾说过：凡用兵之法，将受命于君，合军聚，泛地无舍，衢地合交，绝地无留，围地则谋，死地则战；途有所不由，军有所不击，城有所不攻，地有所不争，君命有所不受。

我：您这句话该如何解释呢？

孙子：这句话的意思就是：用兵的原则，将接受国君的命令，召集人马组建军队，在难于通行之地不要驻扎，在四通八达的交通要道要与四邻结交，在难以生存的地区不要停留，要赶快通过，在四周有险阻容易被包围的地区要精于谋划，误入死地则须坚决作战。有的道路不要走，有些敌军不要攻，有些城池不要占，有些地域不要争，君主的某些命令也可以不接受。

我：您的意思是说，将帅指挥作战应根据各种具体情况灵活机动地处置问题，不要机械死板而招致失败，并对将帅提出了要求。将帅处置问题时还必须做到：首先，考虑问题要兼顾有利和有害两方面，在有利的情况下要想到不利的因素，在不利的情况下要想到有利的因素；其次，要根据不同的斗争目标，采取不同的斗争手段；第三，要立足在充分准备、使敌人不可攻破自己的基础上，不能存侥幸心理；第四，要克服偏激的性情，全面、慎重、冷静地考虑问题。您认为，将帅要从实际出发处置问题，才能战胜敌人，所以对于国君的违背实际的命令可以不执行，因此，您大胆地提出了"君命有所不受"的军事名言。在商场上也是如此，如果企业管理者非常熟悉情况的变化，并且的确有办法使企业发展和繁荣，取得巨大的利润，那么上级或老板的不切实际的命令也可以"有所不受"。

孙子：是的，根据具体情况，灵活机动地对待"君命"。

【解读】　敢于"先斩后奏"的沃尔特

在企业经营管理中，尤其是竞争决策过程中，君命有所不受的原则也有着十分重要的意义。

1967 年，埃及和以色列之间爆发了著名的以埃战争，这次战争对整个世界的政治、经济产生了重大的影响。由于战争的爆发，苏伊士运河被迫中断了很长一段时间，这条沟通大西洋和印度洋的航线被切断，直接影响这条航线上所有轮船公司航运事业的发展。希腊的蓝波轮船公司在以埃战争发生后，积极寻找其合作伙伴，他们打电话给英国石油公司，如果在一天内能得到肯定答复，轮船公司将以最低的价格将公司所有商船出租给石油公司。如果轮船公司不能得到肯定的答复，他们将寻找其他合作伙伴。

当时，英国石油公司接电话的人是现任英国石油公司董事长彼得·沃尔特，然而，那时候他不过是公司的一名执行副总裁，按公司惯例，沃尔特无权对公司的重大行动做出决策，也就不能给对方一个明确答复，可是石油总裁纳尔逊出差去了美国，要一周后才会返回英国，沃尔特想通过电话请纳尔逊决定，可是没能联系上，显然，要待纳尔逊回国后再做决定无疑向对方表示了自己的否定态度。在这个问题上，沃尔特没有犹豫，他考虑了整整一个上午，毅然决定全部租下蓝波轮船公司的所有商船。以埃战争期间，由于苏伊士运河航线的中断使得商船不得不改道绕过南非好望角，同时，战争的影响使一些轮船公司把资产转移到其他产业，所以油船的价格很快上涨，沃尔特决定租用蓝波轮船为石油公司带来的利润极为可观。

任何原则、条例都不能以机械的方式进行，尤其在重大问题上，决策果断，不迷信权威才是正确处理问题的关键所在。沃尔特在这件事上"先斩后奏"，为他的公司赢得了巨额的利润，也充分显示了他在重要关头的应变能力与魄力，这是源于他的远见卓识和敢于承担责任的勇气。

根据具体情况，灵活机动地处置问题

孙武认为，即使是国君，也有职责范围。对将帅授权以后，就不得干涉其职权范围内的事，将帅也不能瞎指挥，更不能专横跋扈.一意孤行，自认为被赋予至高无上、无可制衡的权力，或为了证明自己的权威而不惜破坏一切规矩和法度，从而扰乱自己，使国家蒙受巨大灾难。

在战场上，将帅最大，是最高领导，"将在外，君命有所不受"，战场形势瞬息万变，所谓"势险"、"节短"，将帅只有抓住有利战机，及时采取战略、战术，方能致敌以打击，"不战而屈人之兵"，实现"安国全军"的目的。要抓住有利战机，统帅权就必须独立完整，将帅必须拥有充分的自主权、主动权。将帅受命于君王，然而战场上风云变幻，总有与原来战略目的、战术设计不同之处，君王的指令，总赶不上"变化"的速度，因此，根据实际情况，"君命有所不受"，是将帅进行指挥的一项重要原则。机械地执行君王指令而不考虑战场形势，只能导致错失良机、军队失败的结果，这也是对将帅素质的要求。因为根据实际情况而做出变通，有足够的智慧、清醒的头脑便可完成；而对君王的命令做出取舍遵违的判断，在智慧之外，还需要有过人的胆识和勇气。

那么，孙子也给商战中竞争的企业管理者们说明了一个道理：在商场竞争中，应根据各种具体情况灵活机动地处置问题，不要机械死板而招致失败。因为事物、事态是变化的，企业管理者应适应这种变化，不能僵化固守成命，一成不变。为此，对待上级或老板的正确命令要坚决执行，对他们的错误命令，要敢于"违抗"，要善于权变，善于视情况变化而行动。

竞 争 智 慧

◇根据具体情况，灵活机动地对待"君命"。

◇在商场竞争中，应根据各种具体情况灵活机动地处置问题，不要机械死板而招致失败。

◇事物、事态是变化的，企业管理者应适应这种变化，不能僵化固守成命，一成不变。

给竞争对手余地，就是给自己活路

【聊天实录】

我：孙老先生，您对竞争要灵活机动有何高见？

孙子：我曾说过：故用兵之法，高陵勿向，背丘勿逆，佯北勿从，锐卒勿攻，饵兵勿食，归师勿遏，围师遗阙，穷寇勿迫，此用兵之法也。

我：您这句话该如何解释呢？

孙子：这句话的意思就是：所以用兵的原则是：对占据高地、背倚丘陵之敌，不要做正面仰攻；对于假装败逃之敌，不要跟踪追击；敌人的精锐部队不要强攻；敌人的诱饵之兵，不要贪食；对正在向本土撤退的部队不要去阻截；对被包围的敌军，要预留缺口；对于陷入绝境的敌人，不要过分逼迫，这些都是用兵的基本原则。

我：您的意思就是说，对被包围的敌军，要预留缺口；对于陷入绝境的敌人，不要过分逼迫，这些都是用兵的基本的原则。这一用兵原则，用于日常生活中，就是要学会给对方留余地。那么，对商战来说，能进则进，能退则退，给竞争对手留一些余地，说不定就能给自己带来丰厚的回报。

孙子：是的，给竞争对手余地，就是给自己活路。

【解读】 不肯给竞争对手留余地的酒楼

某城市有一条主干线，车水马龙，熙熙攘攘，十字相交处有一条不起眼的小马路，那年所在地街道办事处为了发展第三产业，临街盖了一排房子。刘通抢先进驻做起了酒楼生意，且规模较大。不少人随后跟进，一时间小马路上餐馆林立，自发形成了"饭馆一条街"，各家招牌、布幔、灯箱各异，招来了不少主干线上往来的人流，生意普遍说得过去。在经营上，刘通的酒楼稍占上风。

但是，这种共同繁荣的局面没维持太久，挑起事端的是刘通。本来客流量相对恒定，大家心照不宣地竞争，可刘通就要"消灭"对手。

像刘通这家高档次的酒楼，哪个菜系的菜肴都有"借"来的。有客人来酒楼说某某饭店某菜受欢迎，这好办，让大厨去要盘菜一看一吃，第二天照猫画虎一炒，招牌都写好了"本酒楼隆重推出特色菜肴"。

刘通十分留心地将小马路各家餐馆拿手菜列了明细，他本是大厨出身，这难不住他，略加改良，照单"克隆"推出，抢了别人不少生意，刘通的酒楼更火了。

老百姓图实惠，他就在原料采购上精打细算，别的餐馆在市场上买牛羊肉，价格贵而且质量无保证，他从屠户那里直接进，因为量大，所以总有优惠。别的餐馆都在市场上进河鱼，他的酒楼自有十位八位钓鱼迷来送鱼，进货价比别人便宜一半。他的菜肴价格最低，店堂最大，外装饰灯光最抢眼，总是爆棚，这客人也怪，越热闹越凑热闹。

顾客埋单时，他另有一招，培训服务员报价时令他们暗中加一块钱，然后再告诉顾客零头那几毛钱抹了，比如说 39.80 元，报 40.80 元，"您给 40 元凑个整，老顾客了，8 毛抹了"。这种雕虫小技，往往讨顾客欢喜，还真没碰上有人找来说这里有猫腻。

在刘通的挤兑下，小马路上其他餐馆生意都不好做，但还能微利维持。刘通的酒楼火，他们的餐馆不温不凉，外马路上因为饭店多才人流不断，刘通是"君"，他们是"臣"，刘通赚钱多，他们赚钱少，但毕竟都能赚钱，大家共同培养着小马路这个餐饮市场，都是受益的一方。

伴随着街道办事处提高房屋租金的消息，终于部分餐馆从小马路上消失了，望着新开张的花店、租书店、网吧，刘通心里充满胜利者的喜悦。

福兮祸所伏，餐馆少了，"饭馆一条街"渐渐变味了，专门来遛街吃饭的也就不来了，刘通的酒楼上座率较以前不但没增加，反而下降了。更让他尴尬的是，相邻两家饭店，一家改成了加工铝合金门窗的门市，整天电锯轰鸣，另一家转让给了一家寿衣店，晚上卖寿衣的灯箱在主干线上都能一眼看到。酒楼四周这种环境，试问哪位食客还有登楼就餐的雅兴？刘通真后悔……

聪明的人，做人不会只进不退，关键时候，宁肯后退一步，给对方留些余地。像刘通，如果他给对手留一些余地的话，最后也不会让他的酒楼生意如此冷淡。

要学会给竞争对手余地

孙子告诫后人，对急于撤退回国的敌军不要阻拦，对被围困的敌军必须留有溃逃的缺口，对处于绝境的敌军不要过分逼迫。倘若围死，不给出路，敌人无路可走，便会困兽犹斗，拼命反击求生。

如果让对方走投无路，就有可能激起对方"求生"的意志，而既然是"求生"，

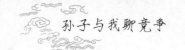

就有可能"不择手段",这对你将造成伤害。

知退——不是每个人性格中的必然因素,只有大智者才能悟到、做到。换句话说,知退是一个人严谨性格的表现。每个人的智慧、经验、价值观、生活背景都不相同,因此与人相处,争斗难免——不管是利益的争斗或是非的争斗。而这种争斗,在竞争激烈的商业社会尤其明显。

很多人一旦陷身于争斗的漩涡,便不由自主地焦躁起来,一方面为了面子,另一方面为了利益,因此一旦得"理",便不饶人,非逼得对方鸣金收兵或竖白旗投降不可。然而"得理不饶人"虽然让你吹响胜利的号角,但却也是下次争斗的前奏;"战败"的对方失去了面子和利益,他当然要"讨"回来。

中国有句古语:"不是冤家不聚头。"这句话辩证地说明了同一事物的两个侧面,凡是冤家,有利益对立的一面,也有相互一致的一面,不能因为是对立面而排除一致的方面,也不能因一致而否定对立。正确做法是,在同行之间不妨保持竞争态势,同时又要有最大限度的宽容,唯有如此,一种和谐相处的局面才会得以长久地维持。我们看到,在许多发达国家里,处于同一行业的不同企业的销售网点之间,相互照顾,相互提携,已成为一种新的理念。这种新理念的表现是:不同商家的竞争与合作同时出现。

近几年很流行"蓝海战略"这个说法,"蓝海战略"的基本主张是,真正有效的竞争不是战争性的即激烈的、正面硬拼而造成的"红海",而是非战争性的(没有竞争对手的蓝海),不战,才是蓝海的基本旨意。从红海转向蓝海,首先是一种竞争思维和商业世界观的转换,即在商业竞争中告别以战争为原型的"零和游戏"和"价值毁灭",走向"非零和游戏"和"价值创新",从战争性的竞争走向和平性的竞争。

在蓝海战略思维看来,商业竞争不是没有裁判者或者只能由赢家担当裁判者的争斗。商业竞争的裁判者不是别人,而是作战者一直忽略的顾客,而其裁判的标准是"客户价值"。一个没有明确客户价值主张的企业,就像一个没有规则意识的竞争者，迟早要被驱逐出商业的竞技场。要想在这个竞技场上竞争并且胜利，唯一的办法就是，从专注资源的争夺转向专注自身能力的提高，从专注于对手转向专注于顾客这个永恒的裁判，悉心探询顾客隐秘的需求，并顺应这种需求，持续地寻找技术和商业模式上的解决方案。

《菜根谭》中指出，"径路窄处，留一步与人行；滋味浓的，减三分让人尝。此是涉世一极安乐法。"这句话旨在说明谦让的美德。凡事让步，表面上看好像是吃亏，但事实上由此获得的也会比失去的多。

聪明的人，做人做事都不会只进不退，关键时候，宁可后退一步，给对方留些余地。正如那句老话："忍一时，风平浪静；退一步，海阔天空。"给对方留有余地就是给自己留条退路。

同样的道理，在充满竞争的社会中，我们为了能够战胜对手获取利益，会充分利用自己固有的优势，集中力量把对手击溃。但在对手没有丝毫还击之力的时候，我们是不是也应该给对方留一条生存之路。也许这种在他人不利的情况下不落井下石的友善行为，在将来会得到丰厚的回报。

当今社会，企业越来越多，同行的竞争也就越来越激烈。在这样的环境下，唯有击败对手才能取得胜利，但"击败"并不等于"击垮"，给竞争对手留有生存的空间，适可而止，才能成为最终的赢家。

竞争智慧

◇给竞争对手余地，就是给自己活路。

◇对商战来说，能进则进，能退则退，给竞争对手留一些余地，说不定就能给自己带来丰厚的回报。

◇如果让对方走投无路，就有可能激起对方"求生"的意志，而既然是"求生"，就有可能"不择手段"，这对你将造成伤害。

形人而我无形，才能出奇制胜

【聊天实录】

我：孙老先生，您对竞争要灵活机动有何高见？

孙子：我曾说过：故形人而我无形。

我：您这句话该如何解释呢？

孙子：这句话的意思就是：使敌人显露真实而使我军不露痕迹。

我：您的意思就是说，要达到让敌军分不清我军的虚实，从而迷惑敌军的效果。在商战中，为了不让对手了解我方动向，高明的商家也往往会采取这一招，以达到出奇制胜的效果。

孙子：是的，形人而我无形，才能出奇制胜。

【解读】 艾柯卡善于运用"形人而我无形"

艾柯卡不仅是一个能够大刀阔斧对企业进行整顿的改革者，而且也是一个能够利用出奇制胜的商战韬略打开市场销路的建设者。当克莱斯勒公司转亏为盈之后，如何重振雄风则是艾柯卡苦苦思索的问题。

企业家常用的方法是提高企业的知名度和产品的市场占有率，而出奇制胜、价廉质优又是重要手段。艾柯卡根据克莱斯勒当时的情况，决定首先出奇制胜，推出新的车型，他把"赌注"押在敞篷汽车上。

艾柯卡画像

美国汽车制造业停止生产敞篷小汽车已经 10 年了，原因是时髦的空气调节器和立体声收录机对敞篷汽车来说是毫无意义的，再加上福物公司的停产，使敞篷小汽车销声匿迹了。

但艾柯卡预计敞篷小汽车的重新出现会激起老一辈驾车人对它的怀念，也会引起年轻一代驾车人的好奇，可是克莱斯勒"大病初愈"，再也经不起大折腾，为了保险起见，也为了不让竞争对方福特公司捷足先登，艾柯卡采取了"投石问路"的策略。

艾柯卡指使工人用手工制造了一辆色彩新颖，造型奇特的敞篷小汽车，当时正值夏天，艾柯卡亲自驾着这辆敞篷小汽车在繁华的汽车主干道上行驶。

在形形色色的有顶汽车洪流中，敞篷小汽车仿佛是来自外星球的怪物，立即吸引了一长串汽车紧随其后，几辆高级轿车利用速度快的优势，终于把艾柯卡的敞篷小汽车逼停在了路旁，这正是艾柯卡所希望的。

追随者下车来围住坐在敞篷小汽车里的艾柯卡，提出了一连串的问题："这是什么牌子的车？""这种汽车一辆多少钱？"

艾柯卡面带微笑一一回答，心里满意极了，看来情况良好，自己的预计是对的。

为了进一步验证，艾柯卡又把敞篷小汽车开到购物中心、超级市场和娱乐中心等地，每到一处，就吸引一大群人的围观，道路旁的情景在那里又一次次重现。

经过几次"投石"，艾柯卡掌握了市场情况。不久，克莱斯勒公司正式宣布将要生产"男爵"型敞篷汽车面市，美国各地都有大量的爱好者预付定金，其中还有一些车手。结果，第一年敞篷汽车就销售了 23000 辆，是原来预计的 7 倍多，这些成绩让福特公司大跌眼镜佩服不已。

1983 年，公司的经营纯利润达 9 亿多美元，创造了克莱斯勒有史以来的最高纪录。

1984 年，克莱斯勒公司约赚了 24 亿美元，比这家公司前 60 年的总和还要多，克莱斯勒公司提前 7 年偿还了全部政府贷款。

就这样，艾柯卡受命于危难之时，通过惊人的魄力和大胆的改革，使绝处逢生的克莱斯勒终于站了起来，使 6 万多工人免受失业的厄运，帮助成千上万个家庭渡过难关。艾柯卡由此而成为汽车业的一代英豪，成为公众偶像，而这与艾柯卡在商战中惯用"形人而我无形"的战术是分不开的。

形人而我无形

在"形人而我无形"中，"形人"即使敌人暴露形迹。"我无形"，即我不露形迹。全句的意思是说，用计谋使敌人暴露而我军却不露形迹，这样我军便可以进行周密的布置并集中兵力战胜敌人。实质上，这是一种以"示形"之法隐蔽真实企图，达到出奇制胜的作战指导思想。

战争的军事目的，在于消灭敌人，保存自己，古今中外的战争概无例外。但要实现这一目的，必须巧妙地伪装自己，以欺骗和迷惑敌人，否则，就不可能既消灭敌人又保存自己。因此，孙子所倡导的"示形"惑敌之法历来为兵家所强调和重视。

"示形"之法的具体内容，则因不同的敌情我情而有所不同。诸如能而示之不能，弱而示强，强而示弱，设置虚形假象，实施佯动惑敌，等等，都是属于"示形"战法的范围。

示形诱敌，其形式无穷。然而，最高明的示形法，是根据敌情变化灵活运用战法，因时、因地、因人、因物而变化。"应形于无穷"，是使众人在目睹双方胜负的现实中，只知道胜利的现实和胜方取胜的一般战法，而不知道胜方是怎样运用"示形"术取胜的。孙子认为："人皆知我所以胜之形，而莫知吾所以制胜之形。"这是"示形法"战术的巅峰，是发人深省的。

战争是难以穷尽的特殊的"艺术"，内蕴着无尽的复杂因素，孙子的"战胜不复"，就是揭示这一真理的。每一次取胜敌人的战法，从来都是不会重复的。一个成功的将帅，会驾驭规则与模式，绝不局限于某些规则与模式，每一次战斗都是独特的。从战斗需要出发而采取的"示形"术，绝难重复前人的模型。在双方交战中，众人只知我方"示形诱敌"取得胜利的战果，而不知其中的奥妙，乃是"示形"术的极致。在众人对于我方的示形战术，处于知其然而不知其所以然的状态时，我方愈发占有主动权，获胜希望愈大。

而在商战中，为了不让对手了解我方动向，高明的商家也往往会采取"形人而我无形"这一招，既可以了解竞争者的意图和实力，为正确的决策提供可靠的一句，又可以避免过早暴露自己的计划，从而减少不必要的阻力，以达到出奇制胜的效果。

为此，形人而我无形，既让竞争对手疲于应付、分散资源，可以获得"兵不顿而利可全"的效果，这也是"致人"而不"致于人"的外部现实。在现代竞争的经营活动中，有时候环境会不利于自己，遇到这种情况，企业要懂得制造假象，迷惑对手。"迷惑"的目的是在竞争开始前或进行中通过对对手的迷惑、示假、伪装使其麻痹，丧失警惕性从而产生误判并做出对己方有利的部署和行动，以致掩盖己方真实意图，牵制对手，为对其实施突然、致命打击创造条件，以相对较小的代价最大限度地实现己方的目的。

竞争智慧

◇形人而我无形，才能出奇制胜。

◇"示形"之法的具体内容，则因不同的敌情我情而有所不同。

◇形人而我无形，既让竞争对手疲于应付、分散资源，可以获得"兵不顿而利可全"的效果，这也是"致人"而不"致于人"的外部现实。

适应市场变化才能不被淘汰出局

【聊天实录】

我：孙老先生，您对竞争要灵活机动有何高见？

孙子：我曾说过：故将通于九变之地利者，知用兵矣。

我：您这句话该如何解释呢？

孙子：这句话的意思就是：所以将帅如果能够精通各种机变的利弊，就是懂得用兵了。

我：您的意思就是说，您强调通于"九变"的重要，指出只有"通于九变"，才算"知用兵"。而要做到这一点，最重要的则是要从事物正反两面的联系中去考虑问题，以"利"为准则，灵活地运用作战原则。在各种事物急剧变化的年代，变是唯一不变的真理。商界充满着机遇和挑战，情况变化了，如何巧于周旋，以变应变？在科学技术日新月异的今天，因循守旧的人在变化的局势下很难有所转机，唯有适应时势的需要，革故创新，才能抓住商机，成为行业的先锋，获得更多的财富。对于企业经营者来说，社会不断变化更新，人们的消费心理也在不断改变与更新，今日的方法明天就会过时。经营者必须要接受环境不停变化的事实，要有创新意识，紧跟时代的步伐，以变求存。

孙子：是的，适应市场变化才能不被淘汰出局。

【解读】　　梅西百货公司适应市场变化

美国纽约的梅西百货公司是全世界最大的百货公司之一，该公司历经了一个多世纪盛行不衰，有什么秘诀呢？梅西百货公司为了适应市场采取了多种经营方式：用现款买便宜货、信用卡购物、家具模仿房屋陈列等。梅西百货公司在适时而变、适应顾客需要变化的同时，还积极地研究自己的顾客，以便能采取积极的措施让顾客满意。梅西百货公司的市场调研人员发现，自己的最大宗顾客是中等收入的人士，而且多为主妇。这类人至少有五个特点：

1. 她们中有较多的人接受过高等教育，而且又受旅行见闻、妇女杂志、电视、电影的影响较多，因此，她们对于现代家庭和时装世界有着更多的了解。

2. 她们有较全面的价值观念，仅用"便宜"两字根本不能吸引住她们。

3. 她们都很忙碌，购物不再是她们主要的消遣和过日子的方法，她们希望愉快而节省时间地买东西，然后好去做别的事情。

4. 她们有较多的存款，但总是不愿意花现款，而希望只用一下信用卡就可以取走所需要的商品，然后在月尾付款。

5. 她们对服务态度要求很高，她们如果发现有几块钱的账面错误，或者在家中等了很久货品都没按时被送到，或打电话订货花了半小时，或者按登载的广告，在上午十点提前赶来买货却在货架上选不到东西，或者找不到售货员……那么，她们下次就不会再来了，而且她们还会把她们所受的委屈和吃到的苦头告诉她们周围所有人，叫嚷得无人不知无人不晓，闹得满城风雨。

针对这些特点，梅西百货公司采取灵活而有效的服务措施。梅西百货公司的所有出口都是设在显眼和方便的地方；把停车场设置得很宽敞，顾客可以很快地找到商店，顺利地停车走进店门；他们还设计出新式结构的商店，顾客想到第几层买东西，都可以驾车停到那层楼旁边的停车场。对于服务员，梅西百货公司也做了特别的规定：顾客可以自做决定，可自由选择商品，若需要服务员则应随叫随到，对于以选择为乐的顾客，服务员不要在旁边喋喋不休或表现出不耐烦的表情，应让她们自由尽情地选择；对于购买贵重物品像宝石、裘皮，甚至照相机、电视机等的顾客，服务员应耐心地解答顾客的咨询，给她们提供帮助，让她们买得称心如意。

梅西百货公司为了在商店内展示出更多种类的样品，让顾客有更大的选择余地，顾客选定货样后由仓库送货上门，以减少顾客携带商品赶路的一切麻烦。为了适应郊区顾客晚上购物的特点，梅西百货公司便改变了自己的营业时间：营业时间定为一周六天，每天从上午十点到晚上九点三十分。此外，梅西百货公司在商店内设置了电影戏剧等购票厅，以便顾客购物和娱乐两不误。他们还赞助举办音乐会、跑马比赛等；在商店中建立活动室，举行当地居民聚会、时装表演等活动；商店旁边还建起汽车自动供应和修补中心，顾客来商店买东西的同时，可以把汽车存下修理，待购物完毕后汽车也就修好了。

由此可见，市场在变化，顾客的心理也在不断变化，梅西百货公司的经营方式也会随之不断变化。这就是梅西百货公司盛行不衰的秘诀。

经营方式的变与不变均取决于消费者的需求。当顾客依然情有独钟时，你想变也变不了；而当顾客爱好转移时，你不变也得变。一个成功的企业家其高明之处就在于能敏锐地觉察到消费需求变化的端倪，适时采取新对策。

要懂得适应市场变化

企业的生存和发展完全以市场为依托，没有了市场，企业就谈不上能开展什么活动了，可是由于改革的深入和全球化的推动，国内国际的市场也变化得越来越快，稍微跟不上这种变化，顺利走过来的企业就会面临前所未有的新的困难，从而陷入被动和困境。

应变能力是一种根据不断变化的主客观条件，随时调整行为的难能可贵的能力，也是确保领导者获得圆满成功的一个先决条件。

具有应变能力的企业管理者，不例行公事，不因循守旧，不墨守成规，能够从表面"平静"中及时发现新情况、新问题，从中探索新路子，总结新经验。对改革中遇到的新事物、新工作，能够倾听各方面的意见，认真分析，勇于开拓，大胆提出新设想、新方案；对已取得的成绩，不满足、不陶醉，能够在取得成绩的时候，不得意忘形，能透过成绩找差距、发现隐患，百尺竿头，更进一步，这就要面对现实找对策。

一个企业管理者必须时时注意单位所定的规则是否有不合情理或不切实际需要之处，一旦发现有这种情形，就应当拿出魄力，不畏艰难，及时求变，切实地加以改革，这一点是千万不可忽略的。

市场处于不断变化之中，这本是市场经济的一条客观规律，这种变化既不会停止，也不会重复。但在世纪之交，网络技术的发展促使全球经济一体化的推进加速，使市场的变化出现了两个特点：一是这种变化越来越快，二是受外界的影响越来越明显，因此企业不只受国内市场变化的影响，更是处于世界范围的变化与动荡之中。正是由于全球化形势的影响，世界上任何重大的经济、政治、技术、金融等方面的变革，都会直接或间接地波及世界各国和各国企业，产生不同程度的影响。

较明显的例子是1997年7月由泰国货币贬值引发的东南亚金融危机，其影响不仅波及东南亚，乃至日本，而且巴西、俄罗斯等国也深受其害。我国虽然一直保持了人民币币值稳定，起到了中流砥柱作用，但毕竟使我国出口受到很大影响，市场也曾因之低迷，直到2000年才完全从其阴影中走出来。

所以有人说，过去认为美国人打个喷嚏，欧洲就会患感冒，现在却是一个小小的泰国或韩国打个喷嚏，亚洲的流行性感冒就会马上传染到全世界。这形象地说明，现在的世界经济格局已大大不同于以往了。

处于这样一种复杂多变的经营环境中的企业，只有不断提高自身的应变能力，随市场的变化而变化，才能谈得上生存和发展。要是把以往成功的做法当作是不变之道沿用下去，经营环境变了而不加注意，一味墨守成规地行事，到头来在市场中碰了壁自己还不知道是怎么回事。

孙子告诫人们不要犯思想僵化的错误，昨天取得成功的经验，不一定能完全照搬到今天，因为今天的形势与环境不会与昨天的完全一样。因此要提高企业在市场中的竞争力，首先要求我们在思想观念上绝不能一成不变，要跟上变化了的客观环境，而最后体现和落实到提高企业的应变能力上。

怎样才能提高应变能力呢？关键是两条：一条是更多地关注外界的信息，另一条是加强企业的基础管理。

现在企业是在国内国际开放的大环境中经营的，以往关起门来只要把自己的事干好就行的情况已发生了根本性变化。只注意企业内部的事务，"两耳不闻窗外事"已远远不行了。经营环境的变化受外界环境的影响越大，越要时刻关注这些大的变化，并且分析其中哪些会对企业经营带来冲击或机遇，以便提前采取必要的措施。尤其是现在，网络已覆盖全世界，打破了时间和空间的限制，因此要善于利用网络的特点去捕捉变化的最早信息，为自己的相应变化早做准备，以便赢得主动。

同样关键的是必须切切实实加强企业的基础管理，只有有了扎实的管理基础，才能有应变的能力，才能随客观环境的变化而变化。要是企业内部管理混乱，来自生产第一线的原始数据不准、不全、不及时，企业没有一套科学的、完整的质量管理体制、成本核算体制、财务监督体制等，而只是靠一些老经验办事，等环境一起变化，到时候一切都会被打乱而弄得摸不着头脑，那还怎么谈得上"应变"？

在内外环境不断加速变化中的企业，学会随外界的变化而变化的能力，达到"能因敌变化而制胜"的才干，确实是影响企业兴衰成败的关键。孙武提出的这一兵战制胜的名言，对我国企业的当前处境来说，确实具有十分丰富而深刻的现实价值。

美国商界有句格言："经营就是要以变应变。"戏法人人会变，各有巧妙不同。在各种市场竞争环境发生变化时，经营者要有变通的本领，以变应变，想顾客之所想，急顾客之所急，帮顾客之所需，这样才不至于被市场所淘汰。为此，商战中只有适应环境变化才能掌握经营的主动权，才不会被淘汰出局。

随机应变，可以让企业立于不败之地

【聊天实录】

我：孙老先生，您对竞争要灵活机动有何高见？

孙子：我曾说过：水因地而制流，兵因敌而制胜。故兵无常势，水无常形；能因敌变化而取胜者，谓之神。故五行无常胜，四时无常位，日有长短，月有死生。

我：您这句话该如何解释呢？

孙子：这句话的意思就是：水因地形的高低而制约其流向，作战则根据不同的敌情而制定取胜的策略。所以，用兵打仗没有固定刻板的态势，正如水的流动不曾有一成不变的形态一样。能够根据敌情变化而灵活机动取胜的，就可叫作用兵如神。五行相生相克没有固定的常胜，四季轮流更替也没有哪个季节固定不变，白天有长短，月亮也有圆有缺。

我：您的意思就是说，军队在外作战，地形复杂，战况多变，若不

能随机应变，因时因地在特殊情况下采取相应对策，只能遭致失败。经

商也是如此，在商场中，也要根据具体情况做到随机应变，不能固守成规，

那样，企业发展只有死路一条。相反，如果企业在濒临绝境之时，做到

随机应变，就能使企业起死回生。

孙子：是的，随机应变，可以让企业立于不败之地。

【解读】 新光花园因随机应变而起死回生

广州新光花园酒店刚开始营业时，困难重重。由于地处居民区，地址狭小，无停车场，人往车来，拥挤不堪，尘土飞扬，人声嘈杂。因此，街道多次警告：不得影响居民休息；交警多次上门指出：门外停车违反驾驶规则；环保部门也提出：限期解决污染问题。新光一时四面楚歌，在万分困难之下，认识到自己与社区的关系处理得好与否，直接影响企业的生死存亡。社区好比是土壤、水分和阳光，企业则是树。若社区不接纳，企业这棵树就会枯萎，因此企业要让社区认识、理解自己，从而取得支持和帮助。

因此，新光采取"衢地合交"的对策，变"上门告状"、"兴师问罪"为自己上门"负荆请罪"，请四周居民和街道、治安、环卫人员和记者座谈，开展联欢和联防等活动，征求他们的意见；对于社区的活动，酒店主动参加，努力为之分忧。而对于上门求助的人，经理总是认真接待，有钱则出钱，无钱话友谊，以取得对方的谅解、支持与信赖。比如，提供治安联防基金，出资整治街道；在市内，主要集中投资于新闻及其他有意义的公益事业，为广州电视台免费提供活动场地，免费提供茶水和点心。在更大范围内主要以支持社会公益事业为主，如向全国县市长赠书，免费提供《公关小姐》电视剧座谈讨论会场地，支持公共事业发展等。这些做法使新光有安全的环境，从而扩大了服务范围，树立起新光为消

费者服务的形象，立足于长远，和人们建立了感情，有了感情投资，新光推出新措施就得到更多人的支持，新光运用"衢地合交"的谋略得益匪浅。

是的，在兵法中讲究不拘泥于常规，要根据主客观的条件随机应变，纸上谈兵、死板僵化是不可能打胜仗的，只能被动挨打。在商场上，如果能够做到随机应变，就能让濒临倒闭的企业起死回生，正如上面的例子。

干事业要随机应变

随着情况、形势的变化，掌握时机，灵活应付，这就是随机应变字面上的意思。作为一种应付各种场合、情况和变化的能力，随机应变的目的是为了保护自己免遭羞辱或灾难。正因为随"机"应变，所以随时可能变化，很难预先计划。

唯物辩证法告诉我们，变化是世界的本质，是事物运动的反映，是事物存在的根据。没有变化，这个事物就不存在了，世界上没有绝对静止的东西，"奇正"之变、"通九变"（九变篇）都说明了一个道理：变化是自然规律，企业的经营要合情合理、随机应变，企业管理绝对不能因循守旧，不思创新。

是的，随机应变要求有反应灵敏的头脑，要求对外界发生的一切及时地做出适当的反应，"事后诸葛亮"无济于事。当你面对突发的事件、意想不到的提问、别人布置的陷阱、令人难堪的境地……种种出乎意料的情况，你能够快速灵敏不露声色地做出正确的反应吗？

如不能够随机应变，如不能够沉着、冷静、迅速地处理各种突发的变故，怎么能够登上成功之巅呢？

人活一世，生存环境不断变迁，各种事情接踵而来，墨守成规、只认死理是无论如何都行不通的，要学会随机应变。

中国有句古话："伸缩进退变化，圣人之道也。"整个世界都处于变化之中，商场也是如此，一个人、一个企业只有懂得"变"的法则，才能把握机会，转难为易。所以，一个善于驾驭时势、灵活变通的人，必定在事业上有所成就。为此，一定要学会随机应变，将会使自己在社会生活、工作中受益无穷。

竞 争 智 慧

◇随机应变，可以让企业立于不败之地。

◇在商场中，也要根据具体情况做到随机应变，不能固守成规，那样，企业发展只有死路一条。

◇人活一世，生存环境不断变迁，各种事情接踵而来，墨守成规、只认死理是无论如何都行不通的，要学会随机应变。

以迂为直，同样是达到目的的捷径

【聊天实录】

我：孙老先生，您对竞争要灵活机动有何高见？

孙子：我曾说过：军争之难者，以迂为直，以患为利。故迂其途，而诱之以利，后人发，先人至，此知迂直之计者也。

我：您这句话该如何解释呢？

孙子：这句话的意思就是："军争"中最困难的地方就在于以迂回进军的方式实现更快到达预定战场的目的，把看似不利的条件变为有利的条件。所以，由于我迂回前进，又对敌诱之以利，使敌不知我意欲何去，因而出发虽后，却能先于敌人到达战地，能这么做，就是知道迂直之计的人。

我：您的意思就是说，两军相争，最困难的地方就在于以迂回进军的方式实现更快到达预定战场的目的，把看似不利的条件变为有利的条件。所以，在某种情况下，尤其是在实力不如对方的情况下，表面上看来走的是迂回曲折的路线，而实际上却为更直接、更有效、更迅速地取得最后的胜利创造了条件。那么，在商品社会中，"以迂为直"经常可以取得意想不到的成功。用"以迂为直"的策略去争夺天时、地利、去争夺取胜的基本条件，对各行各业而言，都不失为制胜的法宝。

孙子：是的，以迂为直，同样是达到目的的捷径。

【解读】　　郑庄公"以迂为直"实现了国家统一

郑庄公是郑武公之子，因出生时难产，差点要了他母亲武姜的命，所以武姜很不喜欢他，而宠爱他的弟弟叔段。

公元前744年，武公病重，武姜想让武公立叔段为太子，但是遭到了武公的拒绝。同年，武公病逝，年仅15岁的庄公即位，武姜想趁庄公年龄小，临朝听政，借机把江山易位给叔段。

庄公元年（公元前743年），武姜请求将制邑（今郑州市荥阳汜水镇）作为叔段的封邑。庄公以制邑地势险要，是关系国家安危的军事要地为由拒绝了武姜的

郑庄公掘地见母

请求。武姜又改而威逼庄公把京邑（今郑州市荥阳东南）封给叔段，京邑是郑国的大邑，城垣高大，人口众多，物产丰富，庄公无奈于武姜的纠缠只好答应。

叔段到京邑后，仗着母亲姜氏的支持，大肆修缮城池，训练甲兵，囤积粮草，加紧扩展自己的势力。郑庄公知道母亲对自

己的继位大为不悦，对姜氏与叔段企图夺权的阴谋也清清楚楚，但他却不动声色。

叔段在京邑的反常之举引起了人们的纷纷议论，大夫祭仲提醒庄公："凡属都邑，城垣的周围超过三百丈，就是国家的祸害。所以先王之制规定，封邑大的不超过国都三分之一，中等的不超过五分之一，小的不超过九分之一。现在京邑不合法度，您怎么能容忍呢？"庄公只是说："多行不义必自毙，先等等看吧。"

庄公一次次退让，促使叔段篡国称君的野心日益增长，不久叔段竟命令西部和北部边境同时听命于自己，接着又把京邑附近两座小城也收入到他的管辖范围。

大夫公子吕看不下去了，对庄公说："一个国家不能听命于两个国君，大王究竟打算怎么办？"庄公微微一笑，说道："用不着除他，迟早他会自取其祸的。"

庄公二十二年（公元前722年），叔段亲率甲兵万人准备袭击郑都，武姜准备开城门接应，来个里应外合。庄公得到叔段起兵日期的密报，说："该是动手的时候了！"立即命令公子吕率200辆战车讨伐叔段。京邑百姓闻讯，纷纷叛段，叔段大败溃逃，仓皇出奔到鄢（今河南鄢陵县西北）。庄公又攻打鄢，叔段外逃共国（今河南辉县）避难。庄公对母后武姜十分恼恨，把她逐出国都，安置在颍地，还发誓说：不到黄泉不相见。

郑庄公采取以退为进策略，故意让叔段的阴谋继续暴露，待时机成熟时，再一举灭掉叔段，从而成功地处理了内政方面的问题，实现了国家权力的统一，为争霸中原奠定了基础。

所以，从根本上说，迂直之计的旨趣在于胸怀大局，并从大局出发，选择适合的行动路线和方法。这是《孙子兵法》提出的重要而有效的决策思维方法。虽然说有些路途，对于到达目的来说是曲折迂远的，但这种曲折只是表面的，实际上它可能就是到达目的最有效的途径。

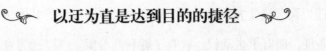

以迂为直是达到目的的捷径

世间任何事物的发展都不是一帆风顺的，经过曲曲折折，总能到终点，这里涉及"迂"与"直"的问题。比如登山，从山脚直往山顶，可为捷径，但颇为艰难；但如果你能够灵活地绕山而行，也可以到达山顶的，只是颇为费时而已。直接登山，可能葬身深谷，永远无法到达终点；绕山而行，可保平安，到达终点且不成问题。以生命的宝贵，似乎绕山而行，颇为可取，这就是"以迂为直"。

英国军事理论《间接路线战略》一书说道：在战略上，最漫长的迂回道路是达到目的地的最短途径。所谓间接路线，即避开敌人自然期待的进攻路线和目标，在攻击发起之前，首先使敌人丧失目标。

"以迂为直"是商业经营活动中常用的谋略，有时为了达到某项预期的经营目标，但由于人力、物力等多方面的原因，无法直接实现，于是便通过其他手段和方法来取得成功。

在商品社会中，"以迂为直"经常可以取得意想不到的成功。

美孚以迂为直的销售"奇"法给我们带来了最直观的例证。20 世纪初，美孚石油公司定下了开发中国市场的经营策略，但是由于当时中国老百姓的生活用油量很小，市场亟须开发。美孚没有采用传统的铺天盖地的广告营销模式，相反，其巧妙地制造了大量灯具，然后免费赠送给中国的普通消费者，如果你要使用这些免费灯具，就不得不先去买油，由此独特地开辟了广阔的中国燃油市场，并牢牢占据。这种以迂为直的销售"奇"法，可谓巧夺天工，独具匠心。

中国的布鞋很受欢迎，销量很大，秘鲁当局开始实行贸易保护主义，明文规定：禁止纺织品和鞋子进口。中国方面并没因此放弃这个市场，便与从前合作的公司重新达成了协议：出口制鞋设备和布鞋面，在当地加工。因为设备和鞋面，既不算鞋子，也不算是纺织品，这样就创造出了一条新的道路。

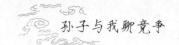

"以迂为直"就是去争夺天时、地利，去争夺取胜的基本条件，为主动权的掌握创造条件，而有了主动权，就有了胜利的希望。"以迂为直"对于各行各业而言，都不失为制胜的法宝。

其实，"以迂为直"的关键在于预设目标的可行性，然后寻找与其相关的各种条件和因素，灵活机动地利用其相互关联的矛盾，迂回绕道，同样可以达到目的。

竞 争 智 慧

◇以迂为直，同样是达到目的的捷径。

◇迂直之计的旨趣在于胸怀大局，并从大局出发，选择适合的行动路线和方法。

◇在战略上，最漫长的迂回道路是达到目的地的最短途径。

灵活机动地变幻战术，方能反"常"取胜

【聊天实录】

我：孙老先生，您对竞争要灵活机动有何高见？

孙子：我曾说过：因形而错胜于众，众不能知；人皆知我所以胜之形，而莫知吾所以制胜之形。故其战胜不复，而应形于无穷。

我：您这句话该如何解释呢？

孙子：这句话的意思就是：善根据敌情变化而灵活运用战术，即便把胜利摆在众人面前，众人仍然不能看出其中的奥妙。人们只能知道我用来战胜敌人的方法，但却无从知道我是怎样运用这些办法出奇制胜的。

所以每一次胜利，都不是简单的重复，而是适应不同的情况，变化无穷。

我：您的意思是指在战场上除了拼实力，更要讲究战术，您强调战术的运用体现指挥者的素质。在商战中，你可以在战略上藐视任何一个对手，但在战术却必须灵活机动，不断变幻。

孙子：是的，灵活机动地变幻战术，方能反"常"取胜。

【解读】   **变幻莫测的市场**

1981 年，苹果公司在个人电脑市场上确定了几乎压倒性的占有率，如电屋公司 (RadioShack) 的 Dandy 等其他公司的型号，都分别保有自己的占有率。但苹果公司是公认的顶点厂商，它借由大规模的宣传广告和促销活动，把以前几乎不引人注目的办公用品，塑造成非常醒目的产品。另一方面，大型电脑市场的顶尖厂商 IBM 对个人电脑市场投入羡慕的眼光。IBM 拥有几乎独力改写打字机业界实绩的力量，似乎认为个人电脑业界的业绩也并非不能改写。

由于进入"中型电脑市场"（一部卖价 6.5 万美元至 27.5 万美元的电脑）获得成功，IBM 按捺不住地要在企业对手的生意领域以及以一般消费者为最终需求者的世界里角逐一番。但是，还有必须慎重考虑的问题。中型电脑一部从 6.5 万美元到 27.5 万美元不等，而个人电脑的平均价格每部才 3500 美元左右，利润要低得多，IBM 的毛利率，大型电脑系统为 65% 以上，而销售给最终需求者的个人电脑，则将降低到 55% 左右。

在同行素有"大蓝"(Big Blue) 之称的 IBM，终于下了决心——打入个人电脑市场，目的是夺取地盘，希望有着同行之首的占有率。目的确定下来，IBM 便给 IBM 个人电脑组成了设计、生产、销售的独立部队。

战略极为简单，选择迂回作战可能比较合乎道理，经过精心策划，IBM 却正面对付问题，挑起全面战争。这绝非明智的战术，但拥有雄厚资金和大批人才，以前在决心侵入的领域几乎都获得成功的 IBM，却可以这样做。

IBM 所采用的最重要战术是，依循苹果公司成功的发展轨迹，如法炮制。"你能做的，不管是什么，我都会做得更好。"事事样样，"大蓝"都效法苹果公司。它学苹果公司，建立了简直一模一样的零售网。首先，跟电脑经销商——全美国最大的连锁店"电脑世界"(Conputerland) 订合同。苹果公司的经销商支援计划，它也照章抄袭；教育顾客的技巧，它也全盘接受，并着手训练计划，准备展开倾销战。

只是 IBM 为了争取时间，仅生产上一个重要因素，没有仿效苹果公司，而且连 IBM 以前通常采取的做法也没有采用。当前的急务是，赶快把产品推向市场，因此 IBM 自己不制造软件程序，而决定委托别家公司代制。"微软公司"争取到制作软件的合同，开发了供 IBM.PC 使用的操作系统。而且，在另一项有关生产的重要领域上，IBM 也毅然变更了以前由自己生产的严格规定，把除最后装配外的某些硬件组件，委托代理制企业生产。

总的来说，IBM 的应急计划借由照章仿效苹果公司而获得成功，苹果公司负责推销的副经理对此有如下的评语：

IBM 对我们紧追不舍，不过，只要我们是领先者，我们并不在乎。

由于 IBM 的介入，个人电脑业界受到很大的刺激，其他竞争企业争先恐后拥入这个新市场。制作 IBM 及 IBM 型电脑用程序的代理制业界宣告组成，生产与 IBM 个人电脑相容软件的另一种行业，也相继诞生。

对于既存的厂商而言，这个很稳定而利润又多的新市场，变化突然加快，生气蓬勃，令人怦然心跳。一般大众也开始注意到这个市场。IBM 成功的形象，引起了实业界人士和一般市民的兴趣。

1980 年年底，IBM.PC 面世，在全国设立 IBM 地方服务中心，安排人员，开始从事烦琐的工作。

虽然这样，工作还是进行得很顺利。全录(Xerox)，埃克森(Exxon)、得州仪器(TexasInstruments)、DEC及其他和IBM平起平坐的大企业，也相继进入个人电脑市场，这个领域大幅成长了好几倍。1983年，有200万部个人电脑上市。两三年前，这个市场还不存在，1985年预计有550万部上市，前景广阔。

当IBM的个电脑面世时，苹果公司的股票行市宣告下跌，IBM侵入市场，便获得了显而易见的胜利，它圆满达到了目的。以IBM而言，胜利的最重要因素是人才资源的雄厚，战略上的作战行动，以优于对方的战斗力和战术取得重要据点，并能一一巩固下来。

IBM经过充分的考虑，不打算对苹果公司或其他任何个人电脑市场的竞争对手施以重击，予以击倒。虽然IBM拥有可怕的力量，但不愿用从前商场老板范德毕尔特的那一套方法，来击垮苹果公司，其原因是IBM经过精心策划认为个人电脑市场有着十分广阔的空间，足可供它与其他厂商一起驰骋。

由于IBM的进入，个人电脑市场实际上显得十分热闹，其规模也显著扩大了起来。IBM进入后，不仅提高了一般人对个人电脑（以前被当作电动玩具）的兴趣，而且制作硬件和软件的代理行业，实际上也获得了新生。

可见，上面事例中的公司正是根据变化莫测的个人电脑市场而不断地变幻战术，才获得了新生。

✦⌒ 要善于灵活机动地变幻战术 ⌒✦

"战胜不复"，从战术、战役范围理解，意在因敌之变，灵活机动。这里所讲的"不复"，并非指对一般战术原则和谋略思想的改变，而是在不同条件下具体运用战法上的变化。

商战中，当选择在市场上以独占鳌头者为战斗目标时，企业指挥官应明白自己正在进行一场危险性极高的赌博。挑战战略如能将战斗行动予以巧妙而正确地实施，则可扩大市场，并带来很大的利益。挑战者进入顶尖厂商占压倒性占有率的市场，而击垮顶尖企业的实例已经时有发生。

当然了，在采取战术击垮敌人的同时，还必须切切实实加强企业的基础管理，只有有了扎实的管理基础，才能有灵活机动的战术，才能随着客观环境的变化而变化。如果企业内部管理混乱，来自生产第一线的原始数据不准、不全、不及时，企业没有一套科学的、完整的质量管理体制、成本核算体制、财物监督体制等，而只是考一些老经验办事，等环境一起变化，到时候一切都会被打乱而弄得摸不着头脑，这样的话，战术也就没有依据可依，更无法反"常"而取胜了。

竞 争 智 慧

◇灵活机动地变幻战术，方能反"常"取胜。

◇挑战战略如能将战斗行动予以巧妙而正确地实施，则可扩大市场，并带来很大的利益。

◇在采取战术击垮敌人的同时，还必须切切实实加强企业的基础管理，只有有了扎实的管理基础，才能有灵活机动的战术，才能随着客观环境的变化而变化。

以逸待劳，从容地迎敌制胜

【聊天实录】

我：孙老先生，您对竞争要灵活机动有何高见？

孙子：我曾说过：以近待远，以逸待劳，以饱待饥，此治力者也。

无邀正正之旗，勿击堂堂之陈，此治变者也。

我：您这句话该如何解释呢？

孙子：这句话的意思就是：用与自己部队接近的战场来对付远道而来的敌人，用安逸休整的自己部队来对付疲于奔命的敌人，用粮饷充足的自己部队来对付饥饿不堪的敌人，这是把握军队战斗力的秘诀。不要去拦击旗帜整齐的敌人，不要去进攻阵容雄壮的敌人，这是掌握灵活机变的原则。

我：您的意思是强调要想使敌方陷入困境，不一定只用进攻，关键在于掌握主动权，积极调动敌人，以静制动，制造战机，使敌人始终受制于我，努力牵着敌人的鼻子走。那么，在商场上，做事情一定要占主动，抢占先机，才能以逸待劳。

孙子：是的，以逸待劳，从容地迎敌制胜。

【解读】　～◎　**李牧以逸待劳却匈奴**　◎～

李牧画像

春秋末期，晋国大夫韩、赵、魏三家强盛，终于瓜分晋国，公元前403年，周威烈王承认韩、赵、魏三家为诸侯。赵国起初建都晋阳（今山西省太原市东南），公元前386年迁都邯郸（今属河北省），疆域有今山西中部、陕两东北角、河北两南部。

赵烈侯初为诸侯，传至赵武灵王，赵国日益强大。赵武灵王进行军事改革，胡服骑射，攻灭中山，打败林胡、楼烦，建立云中、雁门、代郡，占有今河北西部、山西北部和河套地区，赵悼襄王时，派遣将领李牧常年防守雁门郡（今山西省代县），防备匈奴袭击。李牧根据对国家和人民均有利的原则，设置官员，所收的租赋都集中到官府里，以供给士兵消费，每天还要宰几头牛供士兵享用。他训练士兵骑马射箭，并设置烽火报警，派出间谍，搜集情报，他命令部下说："在匈奴入侵犯抢掠时，大家要赶快集合起来坚守阵地，如果有人擅自抓捕匈奴人，就立即斩首。"匈奴每次入侵抢掠，李牧的部队总是集合起来坚守营寨，不与匈奴作战，如此，过了数年，赵国未受任何损失。

然而，匈奴认为李牧怯懦，甚至赵国的边防士兵也认为自己的将领怯懦无能，赵国国君责备李牧，而李牧却依然如故。赵王不得已把他召回，派人代替他统率驻守雁门郡的部队。但是，在一年多的时间，匈奴每次入侵，赵国的部队出战都失利，赵国损失很大，同时，边境上也不能生产和放牧。匈奴对赵国的威胁越来越大，到这时，赵王才后悔不该召回李牧。

于是，赵王打算重新任命李牧担任雁门郡防守部队的将领，李牧却推说自己有病，不能带兵打仗，赵王再三征召李牧，命其带兵。李牧说："如果起用我，只有允许我像以前那样行事，我才敢接受任命。"赵王同意之后，李牧重返雁门，仍然像以前那样约束部下。匈奴虽屡次入侵，一无所获，但他们依然认为李牧怯懦无能。戍边的士兵觉得长期悠闲不打仗，每天还得到李牧的赏赐，心里过意不去，因而都愿意与匈奴决一死战。其实李牧守雁门，其所以长期不出战是在积蓄力量；同时使匈奴多次出征，劳而无功，官兵厌倦，这就是用的"以逸待劳"之计。这时，李牧认为大打一仗的时机已经成熟，于是，他准备了经过挑选的战车一千三百辆，还选好马一千三百匹，作战勇敢的士兵五万人，弓箭手十万人，都加以严格训练。还让当地人民漫山遍野放牧牲畜以诱敌人，匈奴见了这种情景，又来入侵。李牧指挥部队假装败走，并且将数千人遗弃匈奴，单于听说这一情况，以为侵略赵国的时机成熟，遂率领大批部队长搭直入侵犯赵境，殊不知李牧设置了很多奇妙的阵势，展开了兵力左右两翼夹击，一举大破匈奴军，歼灭匈奴十余万，单于仓皇逃走。在此后的十多年中，匈奴未敢再侵犯赵国的边境。

❧ 要善于用"以逸待劳"策略 ❧

"劳逸之道"就是以逸待劳，用准备胜疲惫。做事一定要占主动，抢占"战地"，才能以逸待劳。《孙子兵法》讲的"待敌"，就是在自家的地盘上，或在自家的势力范围内准备充分，从容迎敌。"待"字有期待的意思，准备已充足，就怕敌氏来。待敌者胸有成竹，胜算较大，怕敌者心存侥幸，认为敌人"可能"春会来，一个"可能"就会让团队松懈，结果往往是遭到灭顶之灾。

无论在哪个行业，做事都不可有侥幸心理，要知道，该来的一定会来。如果能把自己调整到"待敌"状态，那就比较有把握了，可以轻松取胜。反之，如果是"怯敌"，即"趋战"，就会很难打。"趋战"就是被敌人牵引仓促应战，那样非常危险，往往会面临失败。

以逸待劳并不是一味等待，而是要做到适时出击，只有适时出击，才有可能取得战争的最后胜利。古语云，男子汉大丈夫，能伸能屈，能刚能柔，识时务者为俊杰也。一个人如果千苦可吃，万难可赴，能忍住岁月的考验，那么即使不是英雄，也会忍成英雄的。

在一个强手如林的世界里，忍是一种韧性的战斗，是战胜人生危难和险恶的有力武器。凡能忍者，必定志向远大。凡志向远大者，必定能够识大体、顾大局。而忍就是识大体、顾大局的表现。综观历史，能成非常之事的人都懂得忍的意义。

以逸待劳，真是争取主动权、转守为攻的计谋。是的，打败对手，不一定非要直接进攻，应按照"损刚益柔"的原理，避其锐气，实行积极防御使其逐步消耗、疲惫。由强而弱，我方即可由被动变为主动。其核心内容为：疲惫敌人、伺机破敌，运用的关键在于一个"待"字，即以我之从容休整，养精蓄锐，对敌之奔走疲劳，或以我小部兵力之"劳"，换取大部兵力之"逸"，保持部队作战的锐势。古人认为，以逸待劳的最终目的，不仅在于选择有利的地形，等待有利的战机，而且其重点应当是以少胜多，以不变应万变，以小变对大变，以静态制动态，这才是获胜的关键。

竞 争 智 慧

◇以逸待劳，从容地迎敌制胜。

◇以逸待劳并不是一味等待，而是要做到适时出击，只有适时出击，才有可能取得战争的最后胜利。

◇在一个强手如林的世界里，忍是一种韧性的战斗，是战胜人生危难和险恶的有力武器。

第八章

孙子与我聊竞争的细节问题

常言道：细节决定成败。是的，透过一些微不足道的现象，通过逻辑推理，察微知著，看到事物的本质，这是做事取胜的保证。在商场上也是如此，在激烈的竞争中，必须练就敏锐的洞察力，善于观察、判断竞争对手，善于注意与处理己方的细节问题，就一定能够在竞争中独占鳌头。

筹划缜密，多算才能制胜

【聊天实录】

我：孙老先生，您对竞争的细节问题有何高见？

孙子：我曾说过：夫未战而庙算胜者，得算多也；未战而庙算不胜者，得算少也。多算胜，少算不胜，而况于无算乎！吾以此观之，胜负见矣。

我：您这句话该如何解释呢？

孙子：这句话的意思就是：在未战之前，经过周密的分析、比较、谋划，如果结论是我方占据的有利条件多，有八九成的胜利把握；或者如果结论是我方占据的有利条件少，只有六七成的胜利把握，只有前一种情况在实战时才可能取胜。如果在战前干脆就不做周密的分析、比较，或分析、比较的结论是我方只有五成以下的胜利把握，那在实战中就不可能获胜。仅根据庙算的结果，不用实战，胜负就显而易见了。

我：您的意思就是说，凡是未开战之前就预计能够取胜的，是因为筹划周密，胜利的条件充分；未开战之前就预计不能打胜的，是因为筹划不周，胜利的条件不足。那么，对于商场竞争来说，企业之间的商战竞争，说到底是企业产品与项目的竞争，所以企业的每个新产品的面市与销售都是事先精心策划，以达到开发成功领先对手的目的。

孙子：是的，筹划缜密，多算才能制胜。

【解读】　　◆　　**汉高祖未战先算而后胜英布**　　◆

汉初，汉高祖在平息了梁王彭越的叛乱和杀死韩信后不久，淮南王英布又起兵谋反。

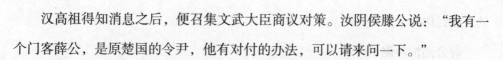

汉高祖得知消息之后，便召集文武大臣商议对策。汝阴侯滕公说："我有一个门客薛公，是原楚国的令尹，他有对付的办法，可以请来问一下。"

起初，滕公向薛公问计，薛公说："英布应该谋反。"

滕公不解地问："皇上分割土地给他，赏赐给他官爵，封他为王，使他在南面成为万乘之主，他为什么还要谋反呢？"

薛公说："皇上往年杀彭越，前年又杀韩信，英布怀疑灾祸将殃及自身，所以会谋反。"

于是高祖召见了薛公并向其征求意见。薛公说："英布谋反不足为奇。如果英布使用上计，我大汉就将失去崤山以东的地区；使用中计，则胜败不定；若使用下计，我们便可以高枕无忧了。"

高祖说："这上、中、下计如何解释？"

薛公说："东取吴，西取楚，并齐取鲁，号令燕赵，然后固守自己的封地以待陛下，这样崤山以东将归他所有。联合山东诸侯，是保证长久的办法，这是上计。"

"什么是中计呢？"高祖急忙问。

"东取吴，西取楚，吞并韩地，取得魏地，控制住廒仓的粮食，堵住成皋这一要塞，如果这样，结果如何便不可预料了，这是中计。"

"那什么是下计呢？"

"东取吴，西取蔡，把重兵置于越地，固守长沙。如果这样，陛下可高枕无忧了，汉朝便相安无事。"

高祖说："他会选择哪一计呢？"

薛公回答说："用下计。"

高祖问："为什么他单选下计呢？"

薛公说："英布本是骊山的一名刑徒，虽有万夫不当之勇，但他目光短浅，只会为一时的利害谋划，根本不做长远打算，因此说他必定使用下计。"

高祖连连称道："好！非常好！英布的为人朕也知道，先生的话可谓一语中

的，朕封你为千户侯。"

薛公连忙拜谢。

此后的结果确如薛公预料的那样。

英布兴兵叛乱以后，首先击败了受封于吴地的荆王刘贾，接着又打败了楚王刘交，然后把军队布置在越地一带。汉军与英布的军队在蕲西（今安徽宿县境内）相遇，面对气势很盛的英布军队，汉高祖采取了坚壁不出的策略，待英布的军队疲惫之后，乘势出击，一举挫败了英布。英布逃到江南后，被长沙王吴芮的儿子设计杀死，英布的叛乱最终以失败而告终。

战前的"庙算"直接关系到战争的成败。高祖召众将讨论对付反臣英布的过程即是一个"庙算"的过程。令尹薛公审时度势，站在对方的角度先为对方拟订种种方案，然后再从"将"的角度（英布有勇无谋）推测英布必然会选择下计，从而为打败英布早日做好了准备。

多算才能制胜

计划是成功的保障，是成功必备的条件。如果不懂得在事前计划好，那么，盲目行动只会带来失败和损失。成功需要计划，需要安排，还需要一定的程序，下面这个商战中的例子正体现了事前筹划缜密的妙处。

20世纪福特汽车工业生产的目的就是要将他的产品推向社会，要让每个公民都买得起车，这可以说是汽车工业的共同口号。事实证明，谁将汽车生产的目标对准了普通大众谁就能赢得整个汽车销售的市场。

生产大众化汽车首先起于福特汽车公司，1906年，福特下定决心，生产一种标准化、统一规格、价格低廉、能为普通大众接受的新车型。

福特经过调查分析，定出了自己的策划方案：自己公司的汽车产品如果不制成像"别针、火柴和面包"那样的统一规格，大规模、低成本的生产就永远遥遥无期，生产过程的混乱状况就无法克服。他把公司的开发方向定为不是着眼于那些富豪和体育明星，而是致力于生产一种普通公民都买得起的通用、万能型汽车，它的引擎是活动的，可拆下来临时当作锯木、汲水、带动农机和搅拌牛奶的动力源。

在福特主持下，公司的经典 T 型轿车问世了。1908 年，福特郑重宣布，他的公司从今以后将只生产 T 型汽车，它集中了福特公司以前所有各种型号汽车的最优秀的特点。

在研制 T 型车时，福特在汽车性能上刻意求新，一切从实用出发。T 型车浑身上下找不到一丝装饰和可有可无的东西，百分之百的质朴实用。它实际上是一种"农用车"，后来经改进，将一种附加设备与它连接起来，即可带动皮带传动或农机具进行工作，是一种标准的通用车。

福特 T 型车无论外形、颜色完全一致，故容易保养，产品统一标准化，产品价格也大为降低，每辆以 950 美元出售，而且随着销量逐年增加，价格逐渐降至300 美元，美国的农民、黑人、低收入家庭都买得起 T 型车。

T 型车的机械原理很简单，只要稍加学习训练，所有的人都会很快地驾驶它。T 型车构造精巧、轻盈便利，又坚固耐用。

当时的美国正是马车时代的末期，各大汽车公司的汽车都面临着征服马车时代遗留下来的马路的难题。在广阔的美利坚原野上，根本找不到一条像样的公路，至于山区的道路就更加令人望而生畏，有的地方根本没有路。一般汽车在各州极其复杂的土路和危险陡峻的山路上，都纷纷退缩不前，瘫在那里。福特公司聘请车手驾驶 T 型车在北美大地各种地段勇闯难关，T 型车结果征服了一切艰难得令别的车型举步维艰的各种路况，名声大振。T 型车之所以大显神通，是因为它的每个零件、每道装置都是针对一个马车时伐向汽车时代过渡的道路状况而设计的。T 型车的底盘高，可以像踩高跷那样顺利通过乱石累累或沼泽密布的路面，越野性能极好。

1909 年，举行了从纽约到西雅图横跨北美大陆的汽车大赛。这是一次路程遥远，路况复杂，横跨沙漠、泥潭、砾石滩、腐殖土壤的艰难赛事。T型车在众多赛车中脱颖而出，第一个到达终点。

1912年，T型车又获农田车越野赛一等奖。同时，T型车还在各类爬坡比赛中屡次夺冠，全美的其他汽车厂商不得不叹服T型车的综合性能优良。

福特不仅是制造和开发汽车的大师，同时也深谙销售策划之道，T型车的销售战略十分精彩。

福特让广告师为T型车设计了十分浪漫的广告。底特律的市民每晚在华灯初上时，都能在歌剧院屋顶，看到T型车的霓虹灯广告牌。上面先显示"请福特T型车驶过"，随即显示一位长发飘飘的娇艳时髦美女坐在一辆疾驶中的T型车中车轮飞转，动感强烈。

1908年，福特和柯恩斯秘密地策划了T型车销售战略。公司秘密地印发了T型车的商品目录，T型车的照片也附印其上，然后秘密地将这些目录散发给福特汽车的主要经销商，目录上附有详细的说明书和价格表，经销商们都十分欢迎这种奇妙做法。

商品目录还强调T型车的几大显著特点：一是使用软质坚固的钡钢合金材料制造；二是四个汽缸都在由两个半椭圆形的钢板支撑着的同一个铸模内，发动机体积较小；三是变速器全部隐藏在车体内，不像以前的车型露在外面；四是方向盘设计安装在左边，福特给经销商们的定价只有825美元。

福特于1908年10月1日正式拉开T型车广告销售攻势，世人为之震惊，堪称史无前例的创举。各大报纸、杂志大篇幅的广告对公众轮番轰炸，还在全美展开空前浩大的邮寄广告方式，福特公司还利用最快捷的电话和电报方式向消费者推销。

次日清晨，即10月2日，1000多封邮寄来的汽车订单雪片似的飞向福特公司，接下来，订单更是多得用麻袋装，销售部的工作人员全都累得几乎瘫倒在地。

T型车受到社会各阶层的广泛欢迎，特别是小镇和农村人士的欢迎。仅用了一年时间，它就跃居各类畅销车的首位，成为头号盈利产品，一年内销售了

1.1 万辆，福特公司在销售量和利润上，都超过了其他制造商。1908 年，福特又采取了给顾客回报的做法，给每个顾客回扣 50 美元，这使公司一年总共多开支 1550 万美元。但这换来了四面八方对 T 型车的赞扬之声，甚至赢得了不轻易开口说好的美国国家税务上诉委员会的好评：

"T 型车是一种很好的经济实惠车子，它的声誉极好，在 1913 年已完全确立了它的地位。各阶层的人都使用它，它是市场上最便宜的车子，它的实用价值又超过任何别的车子。由于价格低，对它的需求大大超过任何别的车子。按它的价格，大多数人都买得起，因此，大家都争相购买，市场的需求量比任何别的公司的车子都大。"

截至 1909 年 3 月 31 日，也就是 T 型车销售后的第 6 个月，福特公司共卖出 2500 辆车。这时，福特立即下令改变 T 型车的颜色和外形，一改过去单调的黑色，根据车的用途将车漆成三种颜色：充满活力的红色旅行车，朴素实用的灰色大众车和高雅气派的绿色豪华车。

福特 T 型车前面镀铬的散热器上，镶嵌着一个经过注册的"福特"这个商标设计制作十分醒目，800 米外就能清楚地看到，十分美观大方。

福特 T 型车所掀起的汽车普及潮给美国人民及美国城市都带来前所未有的好处，汽车使人们的出行更加方便快捷。在大城市的街道上，成堆的马粪、流淌的马尿都消失了，城市卫生状况因马车消失而大大改观。

福特 T 型车所追求的经济目标是 1 加仑（约 1.78 公斤）汽油可跑 35 公里，并且时速 75 公里，最后使每辆型车的成本降到 260 美元。

广大公众青睐 T 型汽车，那些像雪片一样飞来的汽车订单，向福特提出了新问题，显然只有提高生产能力，方可能满足社会的需求。

T 型车自 1908 年问世以后，到 1927 年停止生产为止，整整 19 年，总共出产 15007033 辆，创下前所未有的惊人纪录，任何知名的世界名牌汽车都无法与它相提并论。在一段时期，世界汽车市场的 68% 都属于福特 T 型车。

可见，战争讲究"庙算"，商战同样也要讲究精心策划。企业之间的竞争，说到底是企业产品与项目的竞争，所以企业的每个新产品的面市与销售都是事先精心策划，以达到领先对手的目的。另外，一定要注意"多算"与"少算"的关系，越反复思虑，越周密推算，越能赢得胜利；反之，就可能大打折扣，甚至招致惨败。

竞 争 智 慧

◇筹划缜密，多算才能制胜。

◇对于商场竞争来说，企业之间的商战竞争，说到底是企业产品与项目的竞争，所以企业的每个新产品的面市与销售都是事先精心策划，以达到开发成功领先对手的目的。

◇计划是成功的保障，是成功必备的条件。

运筹帷幄，方能决胜千里

【聊天实录】

我：孙老先生，您对竞争的细节问题有何高见？

孙子：我曾说过：兵法：一曰度，二曰量，三曰数，四曰称，五曰胜。地生度，度生量，量生数，数生称，称生胜。

我：您这句话该如何解释呢？

孙子：这句话的意思就是：兵法：一是度，即估算土地的面积；二是量，即推算物资资源的容量；三是数，即统计兵源的数量；四是称，即比较双方的军事综合实力；五是胜，即得出胜负的判断。土地面积的大小决定物力、人力资源的容量，资源的容量决定可投入部队的数目，部队的数目决定双方兵力的强弱，双方兵力的强弱得出胜负的概率。

我：您的意思就是说"度、量、数、称、胜"五事，是未战先计的谋略内容，即根据国家、战场的土地面积、地形特征从而估量人口、兵员，进而计算地产、物资，进而权衡军事实力，最后综合判断敌我双方军事实力，决定胜战方案。那么，在企业的竞争中也是这样，只有"运筹帷幄"，才能成为制胜的必要条件，才能让自己立于不败之地。

孙子：是的，运筹帷幄，方能决胜千里。

【解读】 ～ 运筹帷幄，决胜千里

"度、量、数、称、胜"五事，是未战先计的谋略内容，这个军力判断的过程，表现为对"度、量、数、称、胜"之间相互制约关系的综合运筹。中国古代军事家认为，五者是根据国家、战场的土地面积、地形特征从而估量人口、兵员，进而计算地产、物资，并且通过以上内容来权衡军事实力，最后综合判断敌我双方军事实力，决定作战方案。孙子的军事运筹思想在历代战争的战略战术等多方面都得到广泛应用。刘邦一统天下，离不开运筹帷幄的张良、陈平等人；皇叔刘备能与曹操、东吴分庭抗礼，同样少不了诸葛亮的妙算。

其实，如果企业管理者能够在决策中能够做到视野开阔，胸怀全局，全面比较，综合分析，必将找出最佳的方案，从而"运筹于帷幄之中"，"决胜于千里之外"。

卡耐基说过，思维创造财富。这里的思维，就是讲的运筹帷幄、善于思考。善于思考是运用知识的前提，是发现问题和解决问题的根本环节。只有善于思考，才能前瞻性地想别人所不能想的事情，做别人所不能做的决定。所以有人认为，对管理者、决策者来说，需要转变那种快点从座位上站起来，快去干活的观念，

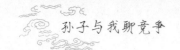
而是应想办法使自己坐下来，给自己一个安静的空间，调整一下紧张快速的节奏，好好思考思考，以求得更大更快的进步。

> **竞争智慧**
>
> ◇运筹帷幄，方能决胜千里。
>
> ◇如果企业管理者能够在决策中能够做到视野开阔，胸怀全局，全面比较，综合分析，必将找出最佳的方案，从而"运筹于帷幄之中"，"决胜于千里之外"。
>
> ◇卡耐基说过，思维创造财富。这里的思维，就是讲的运筹帷幄、善于思考。

善于察微知著，才能赢在细节

【聊天实录】

我：孙老先生，您对竞争的细节问题有何高见？

孙子：我曾说过：敌近而静者，恃其险也；远而挑战者，欲人之进也；其所居易者，利也；众树动者，来也；众草多障者，疑也；鸟起者，伏也；兽骇者，覆也。尘高而锐者，车来也；卑而广者，徒来也；散而条达者，樵采也；少而往来者，营军也。辞卑而益备者，进也；辞强而进驱者，退也；轻车先出居其侧者，陈也；无约而请和者，谋也；奔走而陈兵者，期也；半进半退者，诱也。杖而立者，饥也；汲而先饮者，渴也；见利而不进者，劳也。鸟集者，虚也；夜呼者，恐也；军扰者，将不重也；旌旗动者，乱也；吏怒者，倦也；粟马肉食，军无悬罐，不返其舍者，穷寇也；谆谆歙歙，徐与人言者，失众也；数赏者，窘也；数罚者，困也；

先暴而后畏其众者，不精之至也；来委谢者，欲休息也。兵怒而相迎，久而不合，又不相去，必谨察之。

我：您这句话该如何解释呢？

孙子：这句话的意思就是：敌人逼近我军而保持安静的，是倚仗他占据着险要的地形；敌人远离我军而前来挑战的，是想引诱我军前进。敌人有意驻扎在平坦地带，必定另有图谋。

许多树木摇曳摆动，是敌人隐蔽前来；草丛中有许多遮障物，是敌人布下的疑阵；鸟雀惊飞，是下面有伏兵；野兽惊骇奔逃，是敌人前来偷袭。尘土飞扬得高而尖，是敌人的战车来了；尘土飞扬得低而宽，是敌人的步兵来了；尘土疏散、缕缕上升，是敌人在砍柴；尘土少而时起时落的，是敌人正在安营扎寨。

敌人的使者言词谦逊而又在加紧战备的，是准备进攻；措辞强硬且军队摆出向我军前进的姿态的，是准备退却。敌人的战车先出动，部署在两翼的，是要布阵；敌人没有预先预定而突然来讲和的，是另有阴谋；敌人急速奔跑并排兵布阵，是期待同我决战；敌人半进半退的，是企图引诱我军。

敌军依靠着兵器而站立，是饥饿的表现；敌兵打水而自己先饮的，是干渴的表现；敌人见利而不前进的，是疲劳的表现；营寨上空飞鸟聚集，说明下面是空营；敌人夜间惊叫，是军心惶恐；敌军纷扰混乱，是因为将帅没有威严；旗帜摇动不整齐，是敌人队伍已经混乱；敌人军官容易发怒，是全军疲劳的表现；敌人杀马吃肉，是军中没有粮食了；敌人收拾炊具，士卒不再返回营舍，是准备拼命突围的穷寇；敌将低声下气同部下讲话，表明他已失去了人心；敌军频频悬赏，是没有办法激励军队斗志了；频频惩罚部属，是由于陷入了困境；原先对部下粗暴凶狠，后来却畏惧部下的，是最不精明的将领；敌人派使者送礼言好，谈判措辞委婉而谦逊，是企图暂时休战。敌军气势汹汹向我军前进，但久不交锋又不撤退的，必须谨慎地观察，以查明它的企图。

我：您不但总结了前任的经验，也详细介绍了 32 种直接观察、判断敌情的方法，这 32 种方法被后人称为"相敌三十二法"。"相敌三十二法"在原则上可以分为两类。一类是以依据自然景象的特征和变化来观察、判断敌情。比如，群鸟突然飞起，是下面有伏兵（鸟起者，伏也）；走兽到处乱跑，是敌人大举来袭（受骇者，覆也）。二是依据敌人的行动来观察、判断敌情。比如，敌军离我很远而又来挑战的，是企图诱我前进（远而挑战者，欲人之进也）；敌军急速奔走并摆开兵车列阵的，是期求与我决战（奔走而陈兵者，期也）。那么，在企业的经营运作中，作为企业的管理者同样应该具有缜密的观察能力。一个优秀的管理者，要有一双见微知著的眼睛，善于发现问题，及时处理随时可能遇见的问题，才能使自己占据市场的主动。因此，企业不管大小，都要注意防微杜渐。

孙子：是的，善于察微知著，才能赢在细节。

【解读】　　巴林银行不注重细节而倒闭

巴林银行是世界上最老牌的银行之一，曾经在国际金融领域获得了巨大的成功，但是这一切辉煌却因为一个员工而彻底葬送了，这名员工的名字叫里森。

里森于 1989 年 7 月 10 日正式到巴林银行工作，由于他富有耐心和毅力，善于逻辑推理，能很快地解决以前未能解决的许多问题，因此，他被视为期货与期权结算方面的专家。1992 年，巴林总部决定派他到新加坡分行成立期货与期权交易部门，并出任总经理。

里森于 1992 年在新加坡任期货交易员时，巴林银行原本有一个账号为"99905"的"错误账户"，专门处理交易过程中因疏忽所造成的错误。1992 年夏天，伦敦总部全面负责清算工作的哥顿·鲍塞给里森打了一个电话，要求里森另设立一个"错误账户"，记录较小的错误，并自行在新加坡处理，以免麻烦伦敦的工作。于是里森马上找来了负责办公室清算的利塞尔，利塞尔就在电脑里键入了一些命令，一个账号为"88888"的"错误账户"便诞生了。

几周之后，伦敦总部又打来电话，总部配置了新的电脑，要求新加坡分行还是按老规矩行事，所有的错误记录仍由"99905"账户直接向伦敦报告。"88888"错误账户刚刚建立就被搁置不用了，但它却成为一个真正的"错误账户"存于电脑之中。

里森的好友及委托执行人乔治的交易出错了，里森示意他卖出的 100 份 9 月的期货全被他买进，价值高达 800 万英镑，而且好几份交易的凭证根本没有填写。为了弥补手下员工的失误，里森将自己的佣金转入账户。为了赚回足够的钱来补偿所有损失，里森承担愈来愈大的风险。

但是，在 1993 年，由于里森的错误经营，他在一天之内的损失便已高达 170 万美元。在无路可走的情况下，里森决定继续隐藏这些失误。1994 年，里森对损失的金额已经麻木了，"88888"号账户的损失，由 2000 万英镑、3000 万英镑，到 7 月已达 5000 万英镑。

令人难以置信的是，巴林银行在 1994 年年底发现资产负债表上显示 5000 万英镑的差额后，仍然没有警惕到其内部控管的松散及疏忽。

1995 年 1 月 18 日，日本神户大地震，其后数日东京日经指数大幅度下跌，里森一方面遭受更大的损失，另一方面购买更庞大数量的日经指数期货合约，希望日经指数会上涨到理想的价格范围。但是里森的交易数量愈大，损失愈大。里森为巴林银行所带来的损失，达到了 8.6 亿英镑高点的时候，终于造成了世界上最老牌的巴林银行命运的终结。

新加坡在 1995 年 10 月 17 日公布的有关巴林银行破产报告中的一个感慨，也许最能表达我们对巴林事件的遗憾。报告结论中有一段话如下："巴林集团如果在 1995 年 2 月之前能够及时采取行动，那么他们还有可能避免崩溃。截至 1995 年 1 月底，即使已发生重大损失，这些损失毕竟也只是最终损失的四分之一。如果说巴林的管理阶层直到破产之前仍然对 '88888' 账户的事以无所知，我们只能说他们一直在逃避事实。"

可见，一些微不足道的现象，如果忽视的话，后果的确是不堪设想的。

要善于察微知著

现在人们经常爱说"细节决定成败"，就是强调工作中关注细节的重要性，就像孙子讲的"三十二法"，都是强调通过"察微"而"知著"的功夫。任何一项工作，宏观决策固然重要，但要做出正确的决策进而能让决策得到实施，都离不开对细节的考察，决策是宏观的，但不"察微"又何以"知著"呢？一个善于决策的人，也必须是一个善于观察并不忽略细节的人。俗话说，千里之堤，毁于蚁穴，因对细节的忽略而导致的教训还有很多。

吴士宏的故事不断见诸报端，成为很多年轻人效仿的对象，这是什么原因呢？

因为在吴士宏努力向上的过程中，以她初次到 IBM 面试那段最为精彩。

当时还是个小护士的吴士宏，抱着个半导体学了一年半《许国璋英语》，就壮起胆子到 IBM 来应聘。

那是 1985 年，站在长城饭店的玻璃转门外，吴士宏足足用了五分钟的时间来观察别人怎么从容地步入这扇神奇的大门。

两轮的笔试和一次口试，吴士宏都顺利通过了，面试进行得也很顺利，最后，主考官问她："你会不会打字？"

"会！"吴士宏条件反射般地说。

"那么你一分钟能打多少？"

"您的要求是多少？"

主考官说了一个数字，吴士宏马上承诺可以。之前她环顾了四周，发现现场并没有打字机，果然考官说下次再考打字。

实际上，吴士宏从未摸过打字机。面试结束，她飞也似的跑了出去，找亲友借了170元买了一台打字机，没日没夜地敲打了一个星期，双手疲乏得连吃饭都拿不住筷子了，但她竟奇迹般地达到了考官说的那个专业水准。过了好几个月她才还清了那笔债务，但公司也一直没有考过她的打字功夫。

在这里可以做一个假设，如果吴士宏当时没有注意到考场内没有打字机，而贸然回答自己不会打字，或者考场有打字机，而她没能发现，那么她肯定会失去这个良机，也不可能有今天的传奇人物吴士宏了。

为此，有时哪怕只是注意到了一个小环节，都可能改变一个人一生的命运。

竞 争 智 慧

◇善于察微知著，才能赢在细节。

◇一个优秀的管理者，要有一双见微知著的眼睛，善于发现问题，及时处理随时可能遇见的问题，才能使自己占据市场的主动。

◇有时哪怕只是注意到了一个小环节，都可能改变一个人一生的命运。

精心策划，变不可能为可能

【聊天实录】

我：孙老先生，您对竞争的细节问题有何高见？

孙子：我曾说过：善攻者，动于九天之上。

我：您这句话该如何解释呢？

孙子：这句话的意思就是：善于进攻的人，展开兵力就像自九霄而降（令敌人猝不及防）。

我：您的意思是说，善于进攻的人，展开自己的兵力就像自九霄而降。无中生有，出其不意，让人猝不及防，这是任何一个指挥者都追求的境界，然而行动源于策划，商战中，精心的策划可以变不能为可能，化逆境为坦途，策划之妙非常人可为之。

孙子：是的，精心策划，变不可能为可能。

【解读】　　　　**精心策划，奥运会不再是"烫手山芋"**

北京获得 2008 年奥运会举办权，举国欢庆，成了北京、中国，乃全世界华人的一大盛事，可在 20 世纪后半期，举办奥运会却是让人害怕的事。

为什么呢？

1972 年，第 20 届奥运会在联邦德国的慕尼黑举行，最后欠下了 36 亿美元的债务，很久都没有还清；1926 年，第 21 届奥运会在加拿大的蒙特利尔举行，最后亏损了 10 多亿美元之巨，成了当地政府的一个大包袱，直到今天，蒙特利尔人还在缴纳"奥运特别税"；1980 年第 22 届奥运会在苏联的莫斯科举行，苏联的确财大气粗，比上两届举办城市耗费的资金更多，一共花掉了 90 多亿美元，造成了空前的亏损。

面对这种情况，1984 年的奥运会几乎到了无人问津的地步，还是美国的洛杉矶看到没有人敢拿这个烫手的"山芋"，就以唯一申办城市"获此殊荣"，企图通过这种方式来显示其泱泱大国的实力。可是等"夺取"到了奥运会举办权之后不久，美国政府就公开宣布对本届奥运会不给予经济上的支持，接着洛杉矶市政府也说，不反对举办奥运会，但是举办奥运会不能花市政府的一分一厘……

俗话说，"巧妇难为无米之炊"，没有钱是什么事情也办不成的。缺了"孔方兄"，不要说举办奥运会，就是修补一块足球的草坪也不可能的。

谁能够出来挽救这场危机呢？

洛杉矶奥运会筹备小组不得不向一家企业咨询公司求救，希望这家公司寻找一位高手，政府不补贴一分钱而举办好这届奥运会。

这家公司动用了他们收集的各种资料，根据奥运会筹备小组提出的要求，开动计算机进行广泛搜寻，计算机不时反复出现一名字：彼得·尤伯罗斯。

彼得·尤伯罗斯是何许人？计算机对他如此青睐？

彼得·尤伯罗斯的基本情况如下：

1937年，他出生在美国伊利诺伊州文斯顿的一个房地产主家庭，大学毕业后在奥克兰机场工作，后来又到夏威夷联合航空公司任职，半年后担任洛杉矶航空服务公司副总经理。

1972年，他收购了福梅斯特旅游服务公司，改行经营旅游服务行业。1974年，他创办了第一旅游服务公司，经过短短四年的努力，他的公司就在全世界拥有了二百多个办事处，手下员工一千五百多人，一跃成为北美的第三大旅游公司，每年的收入达两亿美元。

他的这些业绩不能说是惊天动地的，但是他非凡的策划才能却令人刮目相看。彼得·尤伯罗斯因此担起了这副重担，担任起了奥运会组委会主席。

举办奥运会的难处是他始料不及的，一个堂堂的奥运会组委会，居然连一个银行账户都没有，他只好自己拿出100美元，设立了一个银行账户。他拿着别人给他的钥匙去开组委会办公室的门，可是手里的钥匙居然打不开门上的锁。原来房地产商在最后签约的时候,受到了一些反对举办奥运会的人的影响把房子卖给了其他人。事已至此,尤伯罗斯只好临时租用房子——在一个由厂房改建的建筑物里开始办公。

经过精心策划尤伯罗斯激动人心的"五环乐章"开始了,下出了惊人的三招妙棋:

第一招:拍卖电视转播权。

彼得·尤伯罗斯是这样分析的:全世界有几十亿人,对体育没有兴趣的人恐怕找不到几个,很多人不惜花掉多年积蓄,不远万里去异国他乡观看体育比赛。

但是,更多的人是通过电视来观看体育比赛的,因此,事实证明,在奥运会期间,电视成了他们不可缺少的"精神食粮"。很显然,电视收视率的大大提高,广告公司也因此大发其财。

彼得·尤伯罗斯看准了,这就是举办奥运会的第一桶金子,他决定拍卖奥运会电视转播权!这在奥运会的历史上可是破天荒的。

要拍卖就要有一个价格,于是有人就向他提出最高拍卖价格 1.52 亿美元。

尤伯罗斯抿嘴一笑:"这个数字太保守了!"

手下的人都用一双惊奇的眼睛望着他,这些人都一致认为,1.52 亿美元都已经是天文数字了,那些嗜钱如命的生意人能够拿出这样一大笔钱就已经不错了。大家都用怀疑的眼光看着他,觉得他的胃口也太大了。

精明的尤伯罗斯早就看出了这一点,不过只是抿嘴笑了一下,没有做过多的解释。他知道,这一仗关系重大,于是,他决定亲自出马,来到了美国最大的两家广播公司进行游说,一家是美国广播公司(ABC),一家是全国广播公司(NBC),同时,他又策划了几家公司参与竞争。一时间报价不断上升,出乎人们的意料,就这一笔电视转播权的拍卖就获得资金 2.8 亿美元,真可以说是旗开得胜!

第二招:拉赞助单位。

在奥运会上,不仅是运动员之间的激烈竞争,还是各个大企业之间的竞争,因为很多大企业都企图通过奥运会宣传自己的产品。从某种程度上说,这种竞争常常会超出运动场上的竞争。

为了获得更多的资金，尤伯罗斯想方设法加剧这种竞争，经过一系列的策划，于是奥运会组委会做出了这样的规定：

本届奥运会只接受 30 家赞助商，每一个行业选择一家，每家至少赞助 400 万美元，赞助者可以取得在本届奥运会上获得某项产品的专卖权。

鱼饵放出去之后，各家大企业都纷纷抬高自己的赞助金，希望在奥运会上取得一席之地。

在饮料行业中，可口可乐与百事可乐是两家竞争十分激烈的对头，两家的竞争异常激烈。在 1980 年的冬季奥运会上，百事可乐获得了赞助权，出尽了风头，此后百事可乐销量不断上升，尝到了甜头。可口可乐对此耿耿于怀，一定要夺取洛杉矶奥运会的饮料专卖权。他们采取的战术是先发制人，一开口就喊出了 1250 万美元的赞助标码。百事可乐根本没有这个心理准备，眼巴巴地看着别人拿走了奥运会的专卖权。

照片胶卷行业比较具有戏剧性。

在美国，乃至在全世界，柯达公司都认为自己是"老大"，摆出来"大哥"的架子，与组委会讨价还价，不愿意出 400 万美元的高价，拖了半年的时间也没有达成协议。日本的富士公司乘虚而入，拿出了 700 万美元的赞助费买下了奥运会的胶卷专卖权。消息传出之后，柯达公司十分后悔，把广告部主任给撤了。

不用细细叙述，经过多家公司的激烈竞争，尤伯罗斯获得了 3.85 亿美元的赞助费。他的这一招的确比较凶狠：1980 年的冬季奥运会的赞助商是 381 家，总共才筹集到了 900 万美元。

第三招："卖东西"。

尤伯罗斯的手中拿着奥运会的大旗，在各个环节都"逼"着亿万富翁、千万富翁、百万富翁及有钱的人掏腰包。

火炬传递是奥运会的一个传统项目，每次奥运会都要把火炬从希腊的奥林匹克村传递到主办国和主办城市。1984 年美国洛杉矶奥运会的传递路线是：用飞机把奥运火种从希腊运到美国的纽约，然后再进行地面传递，蜿蜒绕行美国的32 个州和哥伦比亚特区，沿途要经过 41 个城市和将近 1000 个城镇，全程高达 15000 公里，最后传到主办城市洛杉矶，在开幕式上点燃火炬。

尤伯罗斯为首的奥运会组委会通过策划规定：凡是参加火炬接力的人，每个人要交 3000 美元。很多人都认为，参加奥运会火炬接力传递是一件人生难逢的事情，拿 3000 美元参加火炬接力——"值"。就是这一项，他就又筹集了 3000 万美元。

奥运会组委会规定：凡是愿意赞助 25000 美元的人，可以保证在奥运会期间每天获得两人最佳看台的座位，这就是 1984 年美国洛杉矶奥运会的"赞助人票"。

奥运会组委会规定：每个厂家必须赞助 50 万美元才能到奥运会做生意，结果有 50 家杂货店或废品公司也出了 50 万美元的赞助费，获得了在奥运会上做生意的权利。

组委会还制作了各种纪念品、纪念币等，到处高价出售。

尤伯罗斯就是凭着手中的指挥棒，使全世界的富翁都为奥运会出钱，他则不断地把钱扫进奥运会组委会的腰包里……

现在来看一下洛杉矶奥运会的结果：美国政府和洛杉矶帝政府没有掏一分钱，最后盈利 2.5 亿美元，创造了一个世界奇迹。

从此，奥运会的举办权成了各个国家争夺的对象，竞争越来越激烈。

尤伯罗斯之所以受命于危难之际而最后创造了奇迹，关键就是他的精心策划，他善于发现可以赚钱的东西，善于发现市场的竞争点……

凡事要精心策划

人言巧妇难为无米之炊，可是如果你广开思路，精心策划，巧妇也能为无米之炊。

在逆境时，从头做起，重新品尝创业的艰辛，可以激发斗志，还可以找出新的切入点。

艾伦·莱恩是英国人，他在年轻时就继承了伯父的事业，出任了希德出版社的董事。但在当时，出版社的处境已是举步维艰，莱恩绞尽脑汁，精心策划。终于有一天，当莱恩在一个候车室旁的书摊上漫无目的地扫视时，他突然发现，书摊上除了高价新版书、庸俗读物外，几乎没什么可看之书，而且这些书大部分都是价格昂贵的精装书。

这个发现触动了莱恩的灵感："要想赚大钱，出版价格低廉的平装书是个好办法。"他坚信这个办法能够成功，因为精装本价格很贵，一般老百姓根本买不起。

莱恩出版廉价丛书的计划在英国出版界引起了强烈的反响，有人说这是自取灭亡，有人说这会严重影响整个图书界。莱恩认定这个办法是他的企业走出困境的唯一道路，所以他毫不动摇。

第一套平装系列丛书共 10 本，规格也比精装本缩小了，这不仅节省了封面制作的成本，也节省了纸张，再加上莱恩决定以购买再版图书重印权的方式出版这 10 本书，因而大大降低了成本费。莱恩把每本书的价钱压到 6 便士，这样，人们只要少吸 6 支香烟就可买到一本书。

这套书的封面很引人注目，这是因为莱恩在上面设计了一个逗人喜爱的丛书标志物———一只翘首站立的小企鹅。因此，莱恩把这套丛书起名为"企鹅丛书"。莱恩还用颜色表示图书的类别：紫色为剧本，浅蓝色为传记，橘红色为小说，灰色为时事政治读物，绿色为侦探类作品，黄色为其他类别读物。这一系列的改革使这套书不仅在外观上鲜艳明快，让人耳目一新，而且在装订上显得简单朴实，印刷上更是字迹工整。

既然这本书是面向大众，那么其价格就必须低廉，低廉的价格又要求有巨大的销售量。莱恩心里清楚：每本书的销售量只有达到 17500 册以上，才能保住本钱。因而，他派人到各地去宣传、推销……

1935 年 7 月，第一批 10 卷本"企鹅丛书"正式问世，在不到半年时间里，这套书就销售了 10 万册，莱恩成功了。

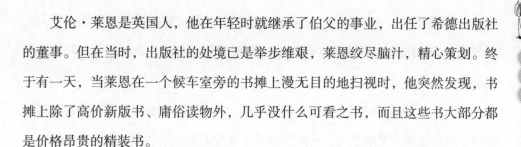

1936 年元旦，希德出版社改名为企鹅图书公司，它坚持薄利多销、为大众服务的原则，因此能垄断英国平装书市场 20 多年。目前，企鹅图书公司已成为全世界屈指可数的平装书出版社之一。

其实，莱恩所做的，没有什么惊天动地，只是因为他有一双善于发现商机的眼睛，所以他赢在了细节上，从而使他祖上流传下来的图书家业"柳暗花明"。

可见，经商，是为了攫取利润。利润的实现，不是凭空而来，必须借助于一定的条件。没有条件也可以创造条件。是的，商业竞争也在于精心策划，善于捕捉细微的商机。只要精心策划，注重细节问题，就能变不可能为可能。

竞争智慧

◇精心策划，并不可能为可能。

◇商战中，精心的策划可以变不能为可能，化逆境为坦途，策划之妙非常人可为之。

◇商业竞争也在于精心策划，善于捕捉细微的商机。

警惕商战"诡道"，加强自我保护

【聊天实录】

我：孙老先生，您对竞争的细节问题有何高见？

孙子：我曾说过：故用兵之法，无恃其不来，恃吾有以待也；无恃其不攻，恃无有所不可攻。

我：您这句话该如何解释呢？

孙子：这句话的意思就是：用兵的法则是不要寄希望敌人不会来，而要依靠自己，充分准备；不要寄希望敌人不会进攻，而要依靠自己有使敌人无法击破的力量。

　　我：您的意思是说，善于进攻的人，展开自己的兵力就像自九霄而降。无中生有，出其不意，让人猝不及防，这是任何一个指挥者都追求的境界，然而行动源于策划，商战中，不仅要提防对手，与人合作时也应该做到时时警惕，加强自我保护。

　　孙子：是的，警惕商战"诡道"，加强自我保护。

【解读】　害人之心不可有，防人之心不可无

　　慈祥、和蔼的爷爷正和小孙子在屋里玩耍，爷爷满脸爱意地和小孙子在沙发、窗台间转来转去，小孙子玩得开心极了。

　　小孙子见爷爷今天情致这么好，也异常顽皮。爷爷把他放在壁炉上，鼓励他使劲儿往下跳，跳了一次，爷爷接住了他，又把他抱上壁炉，鼓励他再跳。小孙子看见爷爷伸着手，毫不犹豫地跳下来，但这一次，爷爷突然缩回双手，小孙子扑通一声掉到地上，疼得大哭大闹，爷爷却在一旁微笑着。

　　面对旁人不解的神色，爷爷回答道："我是个成功的商人，我知道怎样去相信别人。而小孙子并不知道，他以为爷爷是可靠的。但这样的事情重复上二至三遍，他就会渐渐明白：爷爷也不可靠，不要盲目相信任何人，靠得住的只有自己。"

　　对于瞬息万变、风云莫测的商场来说，相信人是应该慎之又慎的。虚假的需求信息，深藏欺诈的报价，吹得天花乱坠的广告，都是防不胜防的陷阱，你若没有防备，随时可能血本无归。

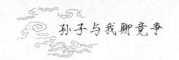

要警惕商战"诡道"

孙子云：知己知彼，百战不殆。尤其是与人合作，更不可忘记这一深刻的古训。永远对你的对手保持警惕和戒备，随时随地密切注视对手的情况，如果不把问题弄个水落石出，就仓促与对方签合同做生意，将是十分危险的。据资深的厨师讲，每条鱼的纹路都不一样，从鱼的外观可以分辨出鱼的味道，而我们多数人在同对手打交道很长时间后，仍然对对手的情况知之甚少，而且还缺少对他们了解的好奇心，这样粗枝大叶地做生意，又怎么能指望获得全面的胜利呢？！

还有的人对信誉的依赖过分突出。不错，越来越多的商人懂得建设良好的信誉意味着生意的兴隆，信誉作为自己的事情，当然越牢固越好，但具体到每一笔生意时，信誉是不能依靠的。

孙子还说：兵不厌诈。精明的商人和高明的骗子都知道这个道理，很可能刚开始在你面前显示的几次信用不过是诱你步向深渊的一个诈术。

在生意场上，即使成功地与对方合作了一次，并不意味着下一次就有保证，人家不一定会因此信任你，你不必指望它会给你带来多大的好处；同时，你也不能因此信任对方，生意场中，没有永远的朋友，每次都是"初次"。

其实，孙子的主张正是告诫后人：与别人交往，尤其是在生意场上，固然不能去想着害别人，但要知晓"人心隔肚皮，"不可不防别人做人，尤其是做生意人绝不可无防人之心。

生意场上合作可以，但是不能依赖最好的朋友，甚至是至亲也不能相信。会处世的人总是给自己留一手，因为人心防不胜防，有防人之心就可应对突如其来的变故。

如果我方具有很强的自我保护意识，对对方的"诡道"早有戒心，则情况就会大不一样。1989 年，英国某公司有一套活塞铸造设备准备出售，与山东省有关部门联系。山东活塞厂厂长杨本贞获悉此事后，亲自率团赴英考察。在英国，他们进行了一场机智的唇枪舌剑，下面是他们对话的记录。

英国老板问："你们此行的目的是什么？"

杨答："考察。"

英："不是吧？应该说是购买设备，办理拆装手续。"

杨："我们还没有见到设备，怎么能轻言购买？"

英："你们省厅已经决定购买了。"

杨："那么你们去找省厅。"

英："你们已经定了，不买就违反欧洲经济法。"

杨："你们是否知道，你们也违反了亚洲经济法？"

英："亚洲什么法？"

杨："先看后买。"

英："这样吧，杨先生，你们的机票和用餐费由我们全包，如何？"

杨："我们又不是来旅游的，不必了，关键是看设备怎么样。"

在这场谈判买卖中，英国老板采取弄虚作假、威胁恐吓、"利而诱之"等"诡道"手法，想把报废的旧设备推销出去，而中方厂长则提高警惕，针锋相对，坚持原则，在看过实物后拒绝购买，避免了资金的浪费和损失，维护了中方企业的利益。

为此，在企业经营中既要求自己善施"诡道"，又要警惕对手施用"诡道"，以防自己失误而陷入不利的境地。例如，上海宝山钢铁厂选择厂址于地基松动之处，当与国外一些企业和公司研究时，对方明明知道该厂址有问题，但故意不说，还力促这项计划实施。结果，为了坚固地基，我们只好买人家积压待销的钢材，一根一根往沙窝里打。我方没有提高警惕，让对方用"能而示之不能，用而示之不用"的"诡道"，使我方蒙受巨大损失。

竞争智慧

◇警惕商战"诡道"，加强自我保护。

◇对于瞬息万变、风云莫测的商场来说，相信人是应该慎之又慎的。

◇在企业经营中既要求自己善施"诡道"，又要警惕对手施用"诡道"，以防自己失误而陷入不利的境地。

麻痹轻敌是商战中最大的祸患

【聊天实录】

我：孙老先生，您对竞争的细节问题有何高见？

孙子：我曾说过：夫唯无虑而易敌者，必擒于人。

我：您这句话该如何解释呢？

孙子：这句话的意思就是：那种既无深谋远虑而又自恃轻敌的人，一定会被敌人俘虏。

我：您的意思是说，根据以往的战争经验，凡是轻敌者都被敌人所擒，但如果将这句话运用商战中，就是告诫那些规模较大，实力较强的企业万不可小看自己的敌手，须知市场风云变化莫测，大与小并没有绝对的差别，大企业如果不能重视小企业的挑战，那么就很可能兵败千里。

孙子：是的，麻痹轻敌是商战中最大的祸患。

关羽麻痹大意兵败身亡

219年秋天，关羽用大水淹没了魏将于禁、庞德的7000人马，乘胜进攻曹仁把守的樊城。曹操闻报大惊，谋士司马懿献计道："孙权与刘备是明合暗不合，他早就想夺取荆州，只是没有机会。如果我们许诺把江南的土地让给他，再让他出兵攻击关羽的后方，樊城之危即可不战自解。"曹操派使者致函孙权，孙权贪利忘义，果然派大将陆逊、吕蒙偷袭关羽后方。

荆州位于魏、蜀、吴三国之间，是南北交通要道、兵家必争之地。赤壁大战后，曹操、刘备、孙权各自有荆州的一部分，其中刘备占有荆州的大部分，孙权出于联合刘备共同抗击曹操的需要，还把南部借给了刘备，因此，荆州实际上是在刘备控制之下。刘备入川后，荆州交由大将关羽镇守。

关羽远征樊城，对后方的东吴本来有所防备。东吴守将吕蒙为了麻痹关羽，故意借治病为名退回京都建业，而让名不见经传的青年将军陆逊接替自己。陆逊文武双全，到任后，立即派使者带着他的亲笔信和一份厚礼去见关羽。陆逊在信中对关羽大加吹捧，对自己百倍贬损，并再三致意关羽多加关照，蜀、吴两家永世和好。关羽读罢书信，认为陆逊不过是个乳臭未干的书呆子，收下礼品，放声大笑，随后下令，把防范东吴的军队全部征调到樊城前线去了。

关羽攻取樊城，胜利在望，忽然得报孙权偷袭自己的后方，并且已攻取了公安、江陵等地，慌忙撤军，企图回师江陵。但吕蒙老奸巨猾，他攻占公安、江陵等地后，对蜀军家属加倍关照。蜀军将士得知家属平安，一个个均离关羽而去，投降了东吴。关羽回天乏力，败走麦城，被吕蒙设计斩杀，荆州从此落入东吴手中。

前车之鉴，后事之师。一代名将关羽因麻痹大意，疏于防范，而导致兵败、地失、身亡，其教训何等惨痛！

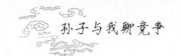

❧ 麻痹大意是商场大忌 ❧

"脚穿阿迪达斯是你取胜的保证！"

早在 1950—1980 年的国际大型体育比赛上，你都会看到这个充满斗志的广告，事实似乎也证实了这句话。

1954 年西德国家足球队正是穿着"阿迪达斯"运动鞋走向了世界杯领奖台的。

1976 年蒙特利尔运动会，82% 的金牌得主都穿阿迪达斯。

阿迪达斯是运动员能力和运气的象征。

阿迪达斯是德国一个拥有很长历史的运动鞋生产厂家，垄断了世界上高级运动鞋市场达几十年之久，阿迪达斯的经理们怎么也想不到会在短短的几年之间，输在一个名不见经传的公司手中，这个公司就是美国耐克公司。

1936 年，美国运动员杰西·欧文斯脚穿阿迪达斯运动鞋取得了辉煌的胜利，使这个一直默默无闻的小厂顷刻闻名全世界。阿迪达斯也从这件事情中得到启发，从此大规模地生产运动鞋并开始以极大热情支持体育比赛。

1949 年由于生意理念的差异，创建公司的兄弟俩分道扬镳。安道夫持有阿迪达斯公司。在安道夫的积极运作下，阿迪达斯每年都能推出新的运动鞋。该公司产品从田径鞋、足球鞋、网球鞋扩展到各种运动鞋，销售市场达到世界上的每一个角落，年销售额达到 10 亿美元。

阿迪达斯之所以能够把这种小商品做成大生意，主要是采取了正确的宣传方法。他大力向体育产业投资，赞助各种比赛，把国际比赛的场所变成公司广告的集结点，同时还大力向国外扩张，出卖商标和生产专利，把产品推向世界各地，特别是发展中国家，利用这些国家丰富的劳动力资源创造价值，既避免了自己投资，又扩大了产品销售影响，起到了一箭双雕的作用。

正当阿迪达斯豪情万丈，要垄断世界体育运动市场的时候，竞争对手出现了，这就是美国的耐克运动鞋。

20 世纪 60 年代和 70 年代，美国兴起了全民健身活动，成千上万的男女走上街头和田野，以各种方式从事锻炼活动，其中最引人注目的活动便是慢跑。伴随美国从事跑步活动的人数越来越多，对舒适的跑步鞋的需求量就增大许多，到了 70 年代末，据估计达到 2500 万双，如果每双运动鞋的价格在 5 美元计算，一年的销售额可以达到 2 亿美元。对任何一个从事鞋类生产的公司而言，这都是一个不可忽视的巨大市场。

耐克公司就是在这样的有利条件下成长起来的：它是由美国中长跑的名将费尔·耐克和他的教练比尔在 1972 年创办的，所生产的牌子就叫耐克。出身运动员的两位创业者当然知道什么样的运动鞋受欢迎，他们根据力学原理对运动鞋进行改造，使它更能适应锻炼和比赛的目的，产品推出后深受大众的欢迎。

公司的扩展非常迅速，1972 年创办时，它的产值才 200 万元，到了 1976 年就达到了 1400 万元之巨，之后一年上一个台阶，1982 年达到了 6.9 亿美元。耐克公司仅仅用了 10 年时间就成为美国市场占有额最大的企业，阿迪达斯在美国市场的份额不断缩小，甚至要退出美国市场。

阿迪达斯有几十年的经验，可为什么会败给耐克公司？为什么对美国蓬勃发展的运动鞋市场，阿迪达斯反应如此的迟钝？

主要的原因出在阿迪达斯本身，在美国开始兴起跑步的时候，阿迪达斯做出了一个极其错误的判断。他断定在美国这样一个流行快、消失也快的国家，跑步将只是一个时尚，不久就会烟消云散。但是席卷美国的全民健身运动持续时间之长，范围之广，使他们丧失了进入美国市场的绝好时机，这中间迟钝的反应是阿迪达斯失败的关键。

因为阿迪达斯瞧不起小公司，对他们的挑战不屑一顾，也是它失败的重要原因。阿迪达斯的经理还在想，耐克公司无非和以前的一些公司一样，只不过是昙花一现罢了，没想到耐克根本不是想象中的等闲之辈，他看准了机会，把阿迪达斯踢了出去。

为此，作为公司的领导者，沉湎于过去的胜利是危险的。《第三浪潮》的作者托夫勒认为："过去的成就正是今天的危险所在。""取得领导权不见得保证今天和明天仍是领袖。"阿迪达斯曾经很厉害，但在成绩面前放松了警惕，结果敞开大门，让耐克抓住了机会。

那么，耐克公司到底运用了什么样的招数呢？实际上，耐克公司击败阿迪达斯并不是有什么特别的招数，它的制胜法宝就是有效地模仿，从阿迪达斯那里学到生意和销售的经验，然后用来对付阿迪达斯公司。阿迪达斯所有招数几乎都被耐克采纳，而对耐克的创新却置若罔闻，这种对比恰好是两家公司命运的反映。

由此可见，在商场上角逐，商战人士一定不能对对手掉以轻心，方方面面的细节都应该注意，否则只能自食恶果。要知道，麻痹轻敌是商战中最大的祸患。

竞 争 智 慧

◇麻痹轻敌是商战中最大的祸患。

◇实力较强的企业万不可小看自己的敌手，须知市场风云变化莫测，大与小并没有绝对的差别，大企业如果不能重视小企业的挑战，那么就很可能兵败千里。

◇前车之鉴，后事之师。

后 记

"国学今用"系列丛书是我们组织十多位国学知识功底深厚、文学造诣极深且对社会学、心理学等学科综合研究方面有较高水平的专家、学者，经过近两年通宵达旦的辛苦创作、数易其稿而苦心经营出来的历史传记作品，本套图书共十本，每本十五万字，语言通俗流畅，内容精彩有趣，知识性和可读性极强，在此，我们对在本书创作中付出辛勤劳动的作者们表示衷心的感谢！

在本书创作过程中，我们除了采用古代圣贤和近代之前国学名家的大量典籍资料以外，还参考了现当代相关的大量资料，有些作者我们已经进行了联系和沟通，但由于出版时间所限，以及有些作者的信息资料不太详细，截至出版之日，我们仍未能联系上这些作者，还请这些作者多多海涵，并在见到本书后及时与我们联系。

联系方式：457735190@qq.com

本书编委会